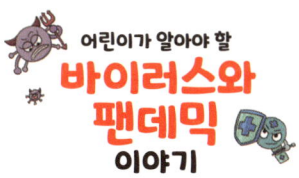

어린이가 알아야 할
바이러스와 팬데믹
이야기

**어린이가 알아야 할
바이러스와 팬데믹 이야기**

초판 1쇄 발행 2022년 4월 15일

지은이 정유리
그린이 박선하
펴낸이 이지은 **펴낸곳** 팜파스
기획편집 박선희
디자인 조성미 **마케팅** 김서희, 김민경
인쇄 케이피알커뮤니케이션

출판등록 2002년 12월 30일 제 10-2536호
주소 서울특별시 마포구 어울마당로5길 18 팜파스빌딩 2층
대표전화 02-335-3681 **팩스** 02-335-3743
홈페이지 www.pampasbook.com | blog.naver.com/pampasbook
이메일 pampas@pampasbook.com

값 12,000원
ISBN 979-11-7026-476-7 (73470)

ⓒ 2022, 정유리

· 이 책의 일부 내용을 인용하거나 발췌하려면 반드시 저작권자의 동의를 얻어야 합니다.
· 잘못된 책은 바꿔 드립니다.

어린이가 알아야 할
바이러스와 팬데믹 이야기

정유리 글 | 박선하 그림

팜파스

어린이 친구들에게

"감기 바이러스에 걸리고 말았어!"

"겨울에는 노로 바이러스가 유행하니까 조심해야 돼!"

누구나 한 번쯤 바이러스라는 말을 들어 본 적이 있을 거야. 바이러스란 동물·식물·세균 등 살아 있는 세포에 빌붙어 증식하는 미생물이야. 바이러스는 우리 주변에 어디에나 있어. 매일 만지는 스마트폰, 리모컨, 소파에도 있고, 우리 몸에서 나는 땀과 머리카락에도 있지. 단지 크기가 너무 작아서 눈으로 보이지 않을 뿐이야.

바이러스는 현재까지 발견된 생물 가운데 크기가 제일 작다고 알려져 있어. 그런데 이 작은 생물이 우리의 몸에 병을 일으키고, 전 세계를 혼란에 빠트리기도 해.

2019년, 새롭게 등장한 바이러스가 사람들을 큰 충격에 빠뜨렸어. 바로 '신종 코로나 바이러스'야. 이 바이러스가 퍼지자 전 세계에서 환자가 수만 명 발생했어. 그러자 세계보건기구(WHO)는 중대 발표를 했어.

"신종 코로나 바이러스 감염증을 팬데믹으로 선언합니다!"

'팬데믹'이란 '전염병이 세계적으로 대유행하는 현상'을 뜻하는 말이야. 눈에 보이지 않을 만큼 작은 바이러스가 전 세계를 비상사태로 몰아넣은 거지. 팬데믹으로 인해 우리의 일상은 많이 달라졌어. 친구들을 만나는 것도, 학교에서 수업을 듣는 것도 할 수 없게 됐지. 태어나 처음 겪어 보는 팬데믹 상황에 사람들은 큰 충격에 빠졌어.

하지만 바이러스의 공격은 이번이 처음은 아니야. 지난 역사를 살펴보면 바이러스에 의한 팬데믹이 여러 번 있었어. 바이러스는 이미 오래 전부터 인류와 함께해 온 존재거든. 그런데 최근 들어 바이러스가 유행하는 팬데믹의 주기가 짧아지고 있어. 이 말은 결국 언제든

  다시 팬데믹이 찾아올 수 있다는 거야. 우리는 앞으로도 계속 바이러스와 함께 살아가야 한다는 뜻이지. 그렇기 때문에 바이러스가 무엇인지 잘 아는 것이 중요해.

  이 책은 바이러스가 무엇인지, 우리가 왜 바이러스에 대해 잘 알아야 하는지를 이야기해. 바이러스가 단지 두렵고 나쁜 것이 아니라, 인간과 함께 오랫동안 공존한 존재임을 알게 될 거야. 이를 통해 언젠가 또 찾아올 팬데믹을 슬기롭게 대처하는 방법을 전달하려고 해. 그럼 이제 바이러스와 팬데믹에 대해 함께 알아볼까?

정유리

📑 **차례**

어린이 친구들에게 • 5

신비한 마법 돋보기로 서우의 손을 들여다보면? • 10

보이지 않는 재앙, 바이러스 • 26
- 바이러스란 무엇일까? • 26
- 바이러스와 세균의 차이는 무엇일까? • 29
- 바이러스는 어떤 과정을 거쳐서 감염될까? • 32
- 우리 몸의 방패막이 '면역' • 36
- 바이러스는 어떻게 예방할까? • 38

바이러스를 무찌를 영웅은 누구일까? • 42

인류의 역사를 바꾼 바이러스 • 56
- 인류의 역사와 함께해 온 바이러스 • 56
- 인류를 위협한 바이러스 사건들 • 59
- 21세기 최악의 감염병 '코로나19' • 63
- 변이 바이러스? 그게 뭔데? • 65
- 신종 바이러스는 왜 자꾸 등장할까? • 68

기적을 만들어 낸 해시태그 · 70

팬데믹과 불평등
팬데믹이란 무엇일까?	·84
팬데믹으로 변화된 모두의 일상	·90
바이러스가 가져온 오해와 편견	·92
바이러스와 불평등	·96
왜 불평등을 없애야 할까?	·98

· 84

소원을 들어준 이빨 요정 · 100

바이러스와 미래 기술 · 114
바이러스를 몸에 일부러 넣는다고?	·114
백신은 어떻게 시작되었을까?	·116
세계는 지금 백신 기술 전쟁 중	·120
바이러스와 미래 기술	·123
우리는 왜 바이러스에 대해 알아야 할까?	·126

신비한 마법 돋보기로
서우의 손을 들여다보면?

"우아! 쿠키다. 맛있겠다!"

방금 집에 들어온 서우는 식탁 위에 놓인 쿠키 접시를 발견했어. 서우의 눈이 반짝반짝 빛났지.

"서우야! 밖에 다녀왔으면 손부터 씻어야지!"

집에 돌아오자마자 쿠키를 향해 손을 뻗으려던 서우에게 엄마가 다급하게 외쳤어. 엄마의 말에 서우는 깜짝 놀라 손을 멈췄지.

"엄마, 손을 꼭 씻어야 돼요? 제 손은 별로 더럽지도 않다고요. 이거 보세요!"

서우는 열 손가락을 개구리 발가락처럼 활짝 펼쳐 보였어. 하지만 엄마의 눈빛은 단호했지.

"얼른 씻고 와."

"힝."

결국 서우는 손을 씻기 위해 터덜터덜 화장실로 향했어.

"아휴! 귀찮아. 왜 이렇게 손을 자주 씻어야 하는 거야?"

서우는 세상에서 손 씻기가 제일 귀찮았어. 손 씻을 일은 또 왜 이렇게도 많은지! 밥을 먹기 전에도 씻어야 하고, 밖에 나갔다 와서도 씻어야 하고, 컴퓨터를 만진 뒤에도 씻어야 한대.

"대체 하루에 몇 번이나 씻어야 하는 거야?"

엄마가 그러는데 우리 손에는 더러운 세균과 바이러스가 많이 묻어 있대. 그래서 병에 걸리지 않으려면 손을 깨끗이 씻어야 한다는 거야. 하지만 아무리 봐도 서우는 자신의 손이 깨끗해 보였어.

"바이러스가 어디 묻어 있다는 거야? 이렇게 깨끗한데!"

서우는 손 씻기가 싫어서 한참 동안 세면대 앞에서 꾸물거렸어. 그러다가 갑자기 좋은 생각이 번쩍 떠올랐어.

"그래, 그거야! 크크크!"

서우는 세면대에 쏴아아아! 물만 틀어 놓은 채 천천히 하나부터 열까지 셌어.

"하나, 둘, 셋, 넷, 다섯, 여섯, 일곱, 여덟, 아홉, 열, 땡!"

그런 다음 엄마에게 달려가 손을 닦았다고 거짓말을 했어. 닦지도 않았으면서 말이야! 화장실에서 오랫동안 들려온 물소리 때문에 엄마는 당연히 서우가 손을 닦은 줄 알았어. 그런 엄마를 보고 서우는 몰래 웃음을 삼켰지.

"킥킥!"

그 후로도 서우는 계속 손을 씻는 척만 했어. 안 씻은 손으로 간식도 집어 먹고 눈도 비비고 코딱지도 실컷 팠지.

"아휴~ 편하다! 진작 이럴걸!"

하지만 며칠 지나지 않아 서우는 엄마에게 이런 사실을 딱 들키고 말았어.

서우는 여느 때처럼 손을 씻지 않았으면서 씻었다고 말했어. 그런데 그런 서우의 손가락 안쪽에 김칫국물이 그대로 묻어 있었지. 서우는 엄마에게 잔소리를 듣고 다시 손을 씻고 와야 했어. 엄마는 그런 서우를 보며 걱정스러운 얼굴로 한숨을 쉬었어.

"왜 저렇게 손 씻기를 싫어할까?"

그날 밤, 서우는 갑자기 몸이 으슬으슬 춥고 식은땀이 흘렀어. 뽀

족뾰족한 가시가 돋은 것처럼 목구멍도 따갑고, 콧구멍에서는 찐득한 콧물이 흘렀지.

"서우, 너 또 감기 걸린 모양인데? 감기에 걸렸다가 나은 지 얼마 안 됐는데……."

엄마는 서우만 자꾸 감기에 걸리는 이유가 궁금했어. 서우와 같은 날, 같은 배에서 태어난 쌍둥이 서현이는 웬만해서 감기에 잘 걸리지 않았거든.

"힝. 왜 또 나만 감기에 걸린 거지? 어제 옷도 따뜻하게 입고 나갔는데."

서우는 감기에 걸린 이유를 골똘히 고민해 봤지만 아무리 생각해 봐도 알 수 없었어.

다음 날, 서우가 콜록콜록 기침을 하자 엄마는 서우의 손을 이끌고 병원으로 향했어.

"한서우 어린이. 진료실로 들어오세요!"

진료실에 들어간 서우는 동그란 회전의자에 냉큼 앉았어. 그런 서우를 닥터황이 다정한 미소로 반겨 줬지. 닥터황은 서우가 어릴 때부터 다니는 '닥터황 소아과'의 원장님이야. 개구리처럼 커다란 눈과 스프링처럼 꼬불꼬불 말려 있는 콧수염을 가진 의사 선생님이지. 말

투도 아주 독특해.

"서우 어린이, 또 감기에 걸린 모양이군용? 저번에 말해 준 대로 손은 자주 씻었나용?"

닥터황이 물어보자 서우는 뜨끔했어. 그래서 그만 아무 대답도 하지 못했어.

"손을 안 씻으면 감기에 잘 걸린다고 말해 줬을 텐데용. 감기약은 감기 증세를 조금 약하게 할 뿐, 감기 바이러스를 완전히 없애지는 못해용. 그래서 감기에 아예 걸리지 않도록 손을 자주 씻어 예방하는

것이 중요하지용."

닥터황이 말하자 서우가 콧방귀를 뀌며 대답했어.

"에이, 손 좀 안 씻었다고 감기에 걸리는 게 말이 돼요? 제 손은 별로 더럽지도 않은데요? 저는 애초에 더러운 걸 잘 만지지도 않는다고요!"

서우의 말을 듣고 나서 닥터황의 콧수염이 띠요오오옹 위로 말려 올라갔어.

"글쎄용, 과연 그럴까용? 여기까지 오는 동안만 해도 수많은 것들을 만졌을 텐데용. 혹시 오면서 버스 손잡이, 엘리베이터 버튼, 진료실의 문고리를 만지지 않았나용?"

"그, 그걸 어떻게 아셨어요?"

서우는 깜짝 놀랐어. 닥터황의 말대로 모두 병원에 오는 길에 만진 것들이기 때문이야. 닥터황은 환자들이 무엇을 하는지 꿰뚫어 보는 능력이라도 있는 걸까?

그러다 서우는 문득 궁금해졌어.

"그런데 손잡이나 문고리가 왜요? 그걸 만진다고 해서 손이 더러워지나요?"

닥터황은 고개를 끄덕였어. 그리고 수많은 사람들이 손으로 잡거나 만진 버스 손잡이, 엘리베이터 버튼, 문고리에는 세균과 바이러스가 많이 있다고 설명했어. 그것들을 만진 순간, 우리의 손에도 바이러스가 묻는다고 말이야.

"세균과 바이러스는 눈에 보이지 않아서 내 손에 묻은 것도 보이지 않지용. 그래서 손이 깨끗하다고 생각하기 쉬워용. 하지만 보이지 않는다고 해서 우리 손이 깨끗한 건 아니에용. 세균과 바이러스가 어떻게 우리의 몸에 들어와 병을 일으키는지 알아볼까용?"

닥터황은 책상 서랍 안에서 커다란 마법 돋보기를 꺼냈어. 작은 서랍 속에서 나왔다고 믿기지 않을 만큼 커다란 돋보기였지.

"이건 신비한 마법 돋보기예용. 자, 함께 돋보기 안을 볼까용?"

서우는 닥터황과 함께 커다란 마법 돋보기 안을 들여다봤어. 돋보기 속에는 다름 아닌 서우의 모습이 담겨 있었지.

"어? 이건 어제의 제 모습이잖아요? 서현이랑 집에 돌아가고 있는 중이에요. 옆에 있는 친구는 같은 반인 준영이고요!"

돋보기 속 서우는 쌍둥이 동생 서현이, 준영이와 함께 신나게 수다를 떨며 걸어가고 있었어.

그런데 이때, 준영이가 갑자기 콧구멍을 벌름벌름 거리다가 '엣취!'하고 시원하게 재채기를 했어. 그 모습을 돋보기로 지켜보던 서우가 크게 외쳤지.

"맞아요! 저때 준영이가 갑자기 재채기를 했어요. 재채기를 하는 표정이 진짜 웃겼다니까요! 하하하!"

그때였어. 마법 돋보기가 준영이의 입에서 튀어나온 침방울의 모습을 느리게 보여 줬어. 공기를 가로질러 슝- 날아간 준영이의 침방울은 서우와 서현이의 얼굴과 손, 옷에 떨어졌어. 닥터황과 함께 그 모습을 지켜보던 서우는 깜짝 놀랐어.

"윽! 준영이의 침이 엄청 많이 튀었잖아? 전혀 몰랐는데!"

그러자 닥터황이 서우에게 설명했어.

"재채기할 때마다 입에서는 무려 침방울이 3000개나 튀어나온다는 사실을 아나용?"

"네? 그렇게나 침이 많이 튄다고요?"

"그것만이 아니에요. 침방울은 한 번에 8미터 떨어진 곳까지 날아갈 수 있지용."

그렇기 때문에 닥터황은 재채기나 기침을 할 때는 다른 사람에게

침이 튀지 않도록 조심해야 된다고 말했어. 재채기나 기침이 나올 때는 휴지나 손수건을 써서 입을 막아야 한다고 말이야. 재채기가 나오려고 할 때 재빨리 팔꿈치 안쪽으로 입을 가리는 것도 좋은 방법이래. 팔꿈치 안쪽은 다른 물체와 닿을 일이 적어 바이러스가 퍼질 확률이 낮거든.

"아무래도 서우 어린이 손에 떨어진 준영이의 침에 감기의 원인이 있는 것 같군용."

닥터황이 톡! 마법 돋보기를 건드렸어. 그러자 서우의 몸에 떨어진 침 속에 들어 있는 바이러스가 확대되어 보였어. 마치 동그란 공에 뾰족뾰족한 뿔들이 마구 솟아 있는 모양이었어.

"윽! 저게 다 뭐예요?"

"침 속에 들어 있던 감기 바이러스예용. 서우 어린이의 몸에 감기 바이러스가 옮겨졌군용."

돋보기는 이제 집에 도착한 서우의 모습을 보여 줬어. 서우는 바이러스가 잔뜩 묻은 손으로 코를 신나게 팠어. 그러자 서우의 코 안으로 바이러스들이 마구 들어갔어.

"어어? 안 돼! 감기 바이러스가 제 몸으로 들어가고 있어요!"

그러자 곧 콧구멍에서 미끌미끌한 콧물이 흘러나오기 시작했어.

미끄덩거리는 콧물이 흐르자 바이러스들은 그만 콧구멍 밖으로 미끄러져 버렸지.

"휴. 다행이야! 콧물 때문에 바이러스가 몸 안에 들어가지 못했어요!"

그런데 마법 돋보기 속에 서우가 더러운 손으로 간식을 집어 먹는 모습이 보였어. 바이러스들은 결국 입을 통해 몸 안에 들어왔지. 몸 안에 들어온 바이러스들이 신이 난 듯 자신과 똑같은 바이러스를 계속 만들어 냈어. 그리고 서우의 몸을 마구 공격하기 시작했지.

"어떡해! 이러다 제 몸이 감기 바이러스에 완전히 정복당하겠어요!"

그런데 이때 어디선가 우렁찬 목소리가 들려왔어.

"바이러스가 서우의 몸에 들어왔다! 바이러스를 몰아내라!"

바이러스를 물리치기 위해 출동한 세포 군단을 보며 닥터황이 말했어.

"저건 바로 백혈구예용. 우리의 몸을 방어해 주는 일을 하는 세포지용. 서우 어린이 몸속에 들어온 바이러스를 물리치기 위해 출동했나 보군용."

우르르 나타난 백혈구들은 바이러스를 닥치는 대로 잡아먹기 시작했어. 서우는 신이 나서 백혈구를 응원하기 시작했지.

"힘내라! 백혈구! 잘한다! 백혈구!"

내친 김에 백혈구들은 재빨리 열을 내는 물질을 만들어 바이러스들의 움직임을 둔하게 만들었어. 그리고 그 틈에 바이러스를 마구 공격했지.

"바이러스는 열에 아주 약해용. 그래서 백혈구는 열을 내서 바이러스를 물리치지용."

닥터황의 설명을 듣던 서우는 순간 무언가를 깨달은 듯이 깜짝 놀랐어.

"어라? 콧물이 흐르고 열이 나는 건 감기에 걸렸을 때 나타나는 증상인데? 그게 다 내 몸이 나를 지키고 있다는 증거예요?"

"맞아용. 우리 몸은 스스로 보호하는 강한 방어 시스템을 갖추고 있어용. 이런 시스템을 바로 '면역'이라고 부르지용. 면역은 바이러스가 우리 몸에 들어오지 못하도록 막고, 이미 몸속에 들어온 바이러스를 몰아내는 역할을 해용."

서우는 문득 궁금증이 생겼어.

"근데 서현이의 손에도 감기 바이러스가 잔뜩 묻었는데 왜 저만 감기에 걸린 거예요?"

닥터황은 대답 대신 마법 돋보기를 톡! 두드렸어. 그러자 집에 돌아온 서현이의 모습이 마법 돋보기 안에 나타났어.

손을 씻지 않은 서우와 달리 서현이는 집에 돌아오자마자 바로 화장실로 들어가 손을 씻었어. 풍성한 비누 거품을 만들어 손 구석구석을 쓱쓱 싹싹 깨끗하게 씻었지. 그러자 서현이의 손에 달라붙어 있던 바이러스가 비누 거품과 함께 흘러내려 갔어.

"끄아아악~! 바이러스 살려!"

비누로 깨끗이 씻은 서현이의 손에는 바이러스가 거의 남아 있지 않았어. 그 모습을 본 서우는 깜짝 놀랐지.

"손을 씻는 것만으로 진짜 바이러스가 모두 없어질 줄이야! 그동안 서현이가 감기에 잘 걸리지 않았던 건 모두 손 씻기 때문이었나 봐요!"

닥터황은 서우를 향해 고개를 끄덕였어.

"맞아용. 비누로 손을 깨끗하게만 씻어도 감기를 비롯한 많은 병을 예방할 수 있어용. 손으로 얼굴을 만지지 않는 것도 좋은 습관이에용. 얼굴을 손으로 자주 만지면 눈, 코, 입을 통해 바이러스가 몸 안으로 들어가기 쉽거든용."

서우는 신비한 마법 돋보기를 통해 손 씻기가 얼마나 중요한지 깨달았어. 그래서 앞으로 손을 잘 씻겠다고 닥터황과 약속했지.

"저 앞으로 손 씻기를 절대 귀찮아하지 않을 거예요! 진짜로요!"

엄마와 함께 집에 돌아온 서우는 닥터황과 한 약속을 지키기 위해 곧장 화장실로 향했어.

쏴아아아!

화장실 안에서 물소리가 울려 퍼지자 엄마는 서우가 또 손을 씻는 척하는 줄 알고 화장실 문을 벌컥 열었어.

"한서우! 너 또 손 씻는 척만 하는 거지!"

그런데 뜻밖에도 서우는 손을 비누로 열심히 씻고 있었어.

"엄마! 엄마도 밖에 나갔다가 들어왔으니 손을 씻으셔야죠!"

때마침 친구네 갔다가 돌아온 서현이도 서우에게 이끌려 화장실에 들어왔어.

"손바닥과 손가락 사이사이를 제대로 닦아야죠. 손톱 밑도요!"

어느새 손 씻는 방법에 대해 잔소리까지 하는 서우를 보고 엄마와 서현이는 웃음을 터뜨렸어.

"서우가 손 씻기 전도사가 될 줄 누가 알았겠어!"

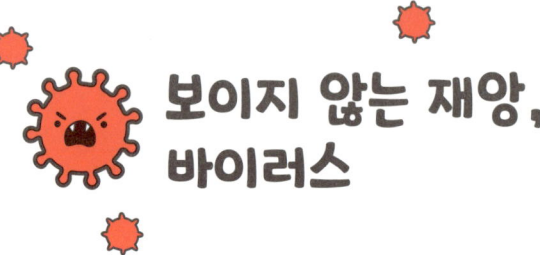 보이지 않는 재앙, 바이러스

바이러스란 무엇일까?

　2019년, 전 세계를 마비시킨 바이러스가 등장했어. 바로 신종 코로나 바이러스, 일명 '코로나19'야. 중국의 우한 지역에서 처음 발견된 코로나19 바이러스는 아주 빠르게 퍼졌어. 중국을 넘어 한국, 일본, 태국, 미국, 캐나다, 프랑스 등 수많은 나라에서 코로나19에 걸린 사람들이 나왔어. 전 세계는 비상사태에 빠졌지.

　"코로나19는 전염성이 매우 강해 사람들 사이에 쉽게 옮겨집니다!"

　"코로나19는 감염됐을 경우, 죽음에 이를 가능성도 매우 높은 바이러스입니다!"

　바이러스가 전염되는 걸 막기 위해 많은 나라들은 사람들이 모이

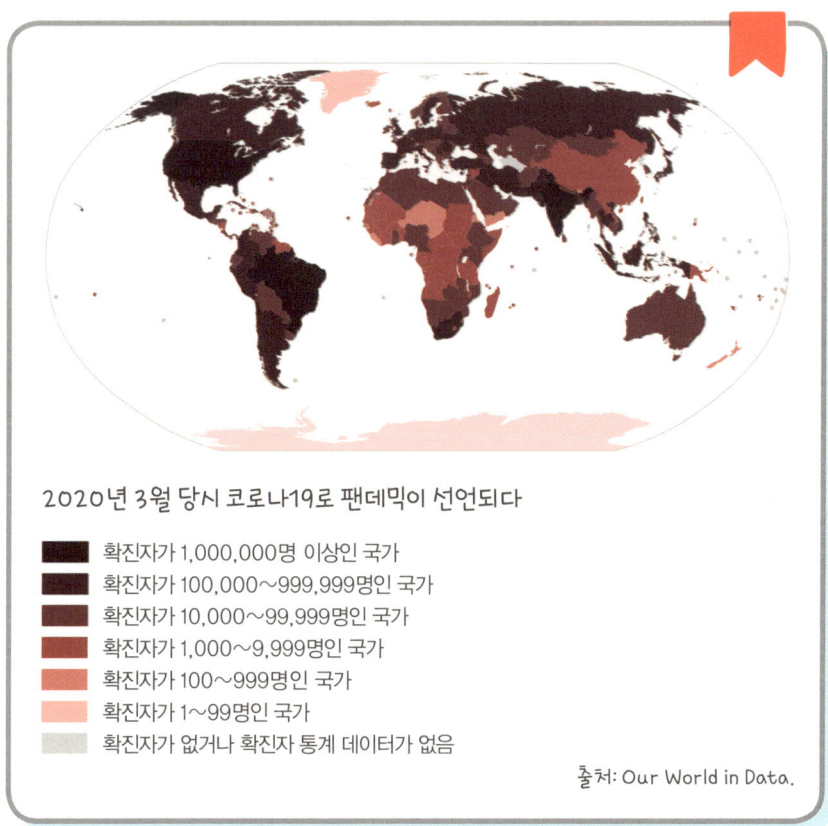

2020년 3월 당시 코로나19로 팬데믹이 선언되다

■ 확진자가 1,000,000명 이상인 국가
■ 확진자가 100,000~999,999명인 국가
■ 확진자가 10,000~99,999명인 국가
■ 확진자가 1,000~9,999명인 국가
■ 확진자가 100~999명인 국가
■ 확진자가 1~99명인 국가
□ 확진자가 없거나 확진자 통계 데이터가 없음

출처: Our World in Data.

는 것을 금지했어.

전 세계의 일상은 한순간에 멈추고 말았어. 학교에 갈 수 없게 되었고, 친구들도 만날 수 없게 됐어. 집 밖에 나가지 못하도록 외출 금지령을 내린 나라도 많아. 그뿐만이 아니야. 아예 공항이나 항구까지 닫아 버린 나라들도 있어. 사람들이 이동하면서 바이러스가 전파되

는 걸 막으려 한 거야. 활발하게 움직이던 전 세계는 갑자기 멈춘 것 같았어. 대체 바이러스가 무엇이기에 전 세계를 멈추게 만든 걸까?

우리 주변에는 수많은 미생물들이 있어. 미생물이란 '눈에 보이지 않을 정도로 아주 작은 생물'을 뜻해. 눈에만 보이지 않을 뿐이지 미생물은 우리 주변 어디에나 있어. 매일 사용하는 필기구, 리모컨, 침대, 그릇에도 있고 우리 손과 머리카락, 땀에도 있지.

바이러스 역시 미생물 중 하나야. 미생물은 크게 균류, 원생생물, 세균, 바이러스로 구분해. 그중 바이러스는 미생물 중에서도 크기가 가장 작아. '바이러스'라는 이름은 라틴어로 '독'을 뜻하는 '비루스(virus)'라는 단어에서 유래되었어. 바이러스가 사람의 몸에 치명적인 병을 일으킨다고 여겨서 붙여진 이름이지.

미생물 중에서 바이러스처럼 동물, 식물 등에 병을 일으키는 존재가 또 있어. 바로 세균이야. 이 때문에 사람들은 바이러스와 세균을 많이 헷갈려 하지. 하지만 병을 일으킨다는 공통점을 제외한다면 바이러스와 세균은 매우 달라.

바이러스와 세균은 대체 어떻게 다른 걸까?

바이러스와 세균의 차이는 무엇일까?

일단 바이러스와 세균은 크기가 달라. 세균은 사람의 눈으로 보이지 않을 정도로 작아서 현미경으로만 관찰이 가능해. 하지만 이러한 세균도 바이러스보다 1000배는 더 커. 코로나19 바이러스의 경우, 그 크기가 머리카락 두께의 2000분의 1 정도라고 해. 이것을 달리 말하면, 코로나19 바이러스를 2000배나 커지게 해도 겨우 머리카락 두께만 한 크기라는 말이야. 바이러스가 얼마나 작은지 알겠지?

바이러스와 세균은 구조도 달라. 바이러스는 유전 정보가 들어 있는 핵산과 이를 둘러싼 단백질, 이 두 가지로만 이루어져 있어. 하지만 세균은 세포막, 세포벽, 핵산, 단백질 등이 모여 하나의 독립된 세포로 이루어져 있지.

그 다음으로 세균과 바이러스의 가장 큰 차이는 혼자 살 수 있느냐, 없느냐야. 세균은 땅, 물, 공기 등 양분이 있는 곳이면 어디서나 스스로 살아갈 수 있어. 하지만 바이러스는 혼자 살 수 없어. 반드시 사람이나 동물, 식물 같은 다른 생물의 세포에 빌붙어야만 살 수 있지.

이렇게 바이러스가 다른 세포에 빌붙는 것을 '기생'이라고 해. 그

리고 바이러스가 기생하는 대상을 '숙주'라고 해.

* **기생** 바이러스가 다른 세포에 빌붙는 것.
* **숙주** 바이러스가 기생하는 대상.

그런데 바이러스만이 가진 독특한 점이 있어. 혼자서는 아무것도 할 수 없지만 숙주에 기생을 하면 자신과 똑같은 바이러스를 계속 만들어 낼 수 있다는 거야.

바이러스에 감염된 숙주는 원래 자신이 하던 일을 멈추고 바이러스가 시키는 대로 바이러스를 복제하기 시작해. 바로 이 점 때문에 과학자들 사이에서는 바이러스가 생물인지 아닌지에 대해 논쟁이 있었어.

"생물이라면 혼자서 자손을 낳고 퍼트릴 수 있어야 하는데 바이러스는 혼자서는 아무것도 못합니다. 그렇기 때문에 바이러스는 생물이 아닌 무생물입니다!"

"하지만 다른 세포에 기생을 하면 결국 그 수를 늘릴 수 있지 않습니까? 그러니 생물로 봐야 합니다!"

결국 과학자들은 바이러스를 생물과 무생물의 중간쯤 되는 존재라고 결론을 내렸어. 바이러스가 생물과 무생물의 특징을 모두 가진 독특한 존재라고 인정한 거야.

바이러스에는 여러 가지 종류가 있어. 감염이 되는 대상에 따라 동물 바이러스, 식물 바이러스, 곤충 바이러스, 세균 바이러스 등으로 나뉘어. 이 중 인간이 감염되는 바이러스는 동물 바이러스지.

현재까지 밝혀진 바이러스 수는 5000개가 넘어. 하지만 아직 알려지지 않은 바이러스도 매우 많다고 해.

바이러스는 어떤 과정을 거쳐서 감염될까?

바이러스나 세균은 우리 몸에 들어와 병을 일으켜. 인간에게 병을 일으키는 바이러스와 세균을 통틀어 '병원체'라고 불러. 병원체가 병을 일으키는 현상을 '감염'이라고 해. 병원체는 어떤 과정을 거쳐서 감염을 일으키는 것일까?

* **병원체** 인간에게 병을 일으키는 바이러스와 세균을 칭하는 말.
* **감염** 병원체가 병을 일으키는 현상.

☀ 접촉 감염

접촉이란 '서로 닿는다'는 뜻이야. 접촉 감염이란 병원체가 묻어 있는 옷이나 물건, 사람과 직접 닿아 바이러스가 옮겨져 감염되는 거야. 예를 들면, 바이러스에 걸린 사람과 악수하거나 바이러스가 묻어 있는 물건을 만졌을 때 바이러스가 옮게 되는 거야. 특히 수많은 사람들이 만지는 문고리나 버스 손잡이에는 바이러스가 많을 가능성이 높아. 바이러스는 문고리나 손잡이 위에서 9일이나 넘게 살아 있을 수 있거든.

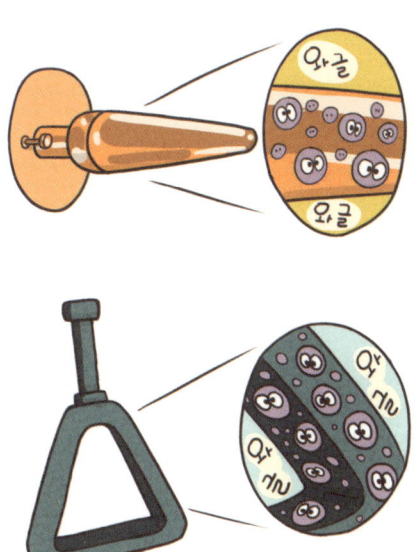

하지만 그런 것들을 만졌다고 해서 무조건 병에 걸리는 건 아니야. 병원체가 눈, 코, 입 등을 통해 몸속에 들어가야만 감염이 일어나거든. 그래서 문고리나 손잡이를 많이 만졌다고 해도 손만 제대로 씻으면 감염을 충분히 막을 수 있어. 접촉 감염을 일으키는 병에는 유행성 결막염, 수족구병이 있어.

☀ 비말 감염

'비말'이란 날아서 흩어지는 물방울을 뜻해. 비말 감염은 바이러스에 걸린 사람이 기침이나 재채기를 할 때 튀어나온 침을 통해 감염되는 거야.

우리가 기침이나 재채기를 한 번 할 때마다 사람의 입 속에서는 침방울이 3000개나 튀어나와. 게다가 이 침방울들은 한 번에 무려 8미터까지 날아갈 수 있대.

이렇게 날아간 침은 주변 사람의 얼굴이나 손, 몸에 떨어져 바이러스 감염을 일으켜. 이 때문에 기침이나 재채기를 할 때는 침이 튀지 않도록 자신의 팔꿈치 안쪽에 대고 해야 해. 손수건이나 휴지로 입을 가리는 것도 좋은 방법이야. 비말 감염으로 전염되는 병에는 감기와 코로나19가 있어.

매개 감염

매개란 '둘 사이를 연결한다'는 뜻이야. 매개 감염은 바이러스가 묻어 있는 모기, 파리, 벼룩 같은 곤충에게 물렸을 때 감염되는 거야. 곤충이 바이러스와 인간 사이를 연결하는 거지.

매개 감염 가운데 가장 흔한 것은 바로 모기에게 물려 감염되는 거

말라리아를 감염시키는 아노펠레스 알비마누스 모기

야. 모기는 빨대처럼 생긴 주둥이로 사람의 피를 빨아먹어. 이때, 모기의 주둥이에 있던 바이러스가 사람의 몸속으로 들어가거든.

하지만 모기에 물렸다고 해서 무조건 바이러스에 감염되는 것은 아니야. 바이러스를 지닌 모기에 물렸을 경우에만 감염되는 거지. 그래도 만약을 대비해 평소에 곤충에 물리지 않도록 주의하는 게 좋아. 곤충이 많은 숲이나 캠핑장을 방문할 때는 긴 팔, 긴 바지를 입는 게 좋겠지? 모기 퇴치제 같은 약을 미리 몸에 바르는 것도 좋은 방법이야. 매개 감염으로 전염되는 병에는 말라리아, 황열, 뎅기열 등이 있어.

우리 몸의 방패막이 '면역'

바이러스에 대해 알게 되니까 갑자기 세상 모든 것이 바이러스 덩어리로 보인다고? 하지만 너무 걱정하지 마. 우리 몸은 바이러스라는 침입자에게서 몸을 지키는 여러 가지 방법이 있거든.

병원체가 몸에 들어오면 우리 몸은 그것들을 몰아내기 위해 바삐 움직여. 나쁜 물질을 쫓아내기 위해 열심히 싸우는 거야. 바로 이러한 시스템을 '면역'이라고 해. 면역 과정에 참여하는 모든 세포와 기관을 '면역계'라고 해.

* **면역** 우리 몸에 병원체가 들어오면 그것을 물리쳐 내는 몸속 상태.
* **면역계** 몸속에서 면역을 하는 데 참여한 모든 세포와 기관을 칭하는 말.

병원체가 몸에 들어오려고 할 때, 우선 첫 번째로 만나는 방어벽이 있어. 바로 우리 몸의 튼튼한 갑옷인 '피부'야. 몸 전체를 감싼 피부는 병원체가 몸속에 쉽게 들어갈 수 없도록 막아 줘.

피부를 뚫기 어렵다고 느낀 병원체들은 코와 입처럼 피부로 덮이지 않은 구멍들로 들어가려고 하지. 하지만 이곳에도 보호막이 있어. 콧구멍 안은 온통 축축한 솜털로 덮였는데 나쁜 물질들이 안으로 들어가지 못하도록 걸러 내줘. 입안을 가득 채운 침에는 병원체를 죽일 수 있는 살균, 소독 물질이 들어 있어서 세균이나 바이러스를 죽여 버리지.

백혈구

설사 이런 과정을 모두 통과해서 몸속에 들어온다고 해도 몸 안에 있는 면역 기관들을 만나게 돼. 우리의 몸에는 '림프샘'이라고 불리는 작은 검문소들이 아주 많이 흩어져 있어. 우리 몸의 든든한 경호원인 '백혈구'들은 바로 이곳에서 병원체를 찾아내 파괴해 버려. 혈관 속에 흐르는 단 한 방울의 피에만 백혈구가 8만~20만 개나 들어 있대. 우리의 몸에 경호원들이 얼마나 많은지 알겠지?

면역 기관들은 하루 종일 우리의 몸을 지키기 위해 치열한 싸움을 해. 우리가 모르는 사이에도 병에 걸리지 않도록 열심히 노력하지. 이 때문에 면역력을 잘 지키는 것은 매우 중요해. 면역력을 높이려면

어떻게 해야 하냐고? 주변 환경을 깨끗하게 만들고 잠을 푹 자는 것이 좋아. 철분이 풍부한 해조류, 스트레스에 맞설 힘을 키워 주는 견과류 등 신선한 음식을 골고루 먹어야 돼.

바이러스는 어떻게 예방할까?

바이러스는 우리 주변 어디에나 있어. 그래서 우리 몸에 들어오지 못하도록 평소에 예방하는 것이 중요해. 어떻게 하면 바이러스에 감염되는 것을 막을 수 있을까?

☀ 최고의 예방법 '손 씻기'

우리는 매일 손으로 다양한 것을 만져. 그래서 손을 통해 바이러스가 우리 몸 안에 들어와 다양한 병을 일으키기 쉬워. 이것을 달리 말하면 손만 제대로 씻어도 바이러스를 충분히 예방할 수 있다는 거야.

손을 씻을 때는 손등, 손가락 사이사이, 손톱 밑 등 구석구석 비누칠을 해서 흐르는 물에 30초 이상 씻어야 해. 질병관리청에서 제안한 '올바른 손 씻기 6단계'를 지키면 더욱 좋아.

올바른 손 씻기의 6단계

1단계

손바닥과 손바닥을
마주 대고 문지르기

2단계
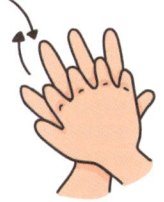
손등과 손바닥을
마주 대고 문지르기

3단계

손바닥을 마주 대고
손깍지를 끼고 문지르기

4단계
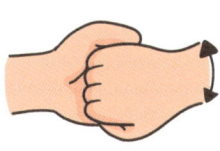
두 손을 마주 잡고
문지르기

5단계

엄지손가락을
다른 편 손바닥으로
돌리면서 문지르기

6단계
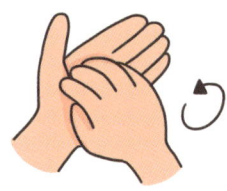
손가락을
반대편 손바닥에 세워
손톱 밑을 문지르기

참고: 질병관리청 손 씻기 자료

마스크 착용하기

마스크는 공기 중에 떠다니는 바이러스가 들어오지 못하도록 걸러 줘. 그래서 최대한 얼굴에 밀착해서 쓰는 것이 중요하지. 일회용 마스크의 경우, 한 번만 쓰고 버리는 게 좋아. 일반 마스크는 매일매일 뜨거운 물에 삶아서 소독한 후에 착용해야 해. 마스크 안은 습도가 높고 침이 많이 묻어 나쁜 균이 번식하기 좋거든. 귀찮다고 더러운 마스크를 소독하지 않고 계속 착용하면 마스크를 쓰지 않은 것보다 더 위험하다는 걸 명심해.

주기적으로 소독하기

병을 일으키는 병원체를 없애는 것을 '소독'이라고 해. 환자를 치료하는 병원의 경우, 병원체들이 곳곳에 많이 묻을 수 있기 때문에 소독에 매우 신경을 쓰지. 병원에서는 약품이나 자외선 등 다양한 방법으로 의료 기기나 의료 시설을 소독해.

우리가 생활하면서 가장 쉽게 소독할 수 있는 방법은 알코올 솜으로 핸드폰이나 리모컨 등 자주 사용하는 물건을 닦는 거야. 손을 씻기 어려운 장소에서는 손 소독제를 사용해도 좋아. 또한 침구와 베개를 자주 빨고, 햇볕에 널어놓는 것도 좋은 방법이야.

이 외에도 바이러스를 예방하는 방법은 많아. 바이러스가 유행할 때는 사람이 많이 모이는 곳을 아예 피하는 것이 가장 좋은 예방법이야. 또한 면도칼, 칫솔, 주사기처럼 다른 사람의 혈액이 묻을 위험이 있는 물건들은 함께 쓰지 않는 것이 좋아. 혈액을 통해 바이러스가 감염될 수 있거든. 또 바이러스는 열에 가장 약하기 때문에 물과 음식을 항상 끓이거나 익혀서 먹는 게 좋아.

바이러스를 무찌를 영웅은 누구일까?

"속보입니다. 전 세계적으로 오르칼 바이러스가 빠르게 확산되고 있습니다!"

아빠와 새로 개봉한 영화 〈강철맨〉을 보고 돌아오던 민재는 버스에서 나오는 뉴스에 깜짝 놀랐어. 오르칼 바이러스는 얼마 전에 유럽에서 나타난 신종 감염병이야. 이 바이러스에 걸리면 심한 열이 나고 기침을 하며 숨쉬기가 힘들다고 해. 심각해질 경우에는 폐렴으로 번지면서 죽을 수도 있지.

민재는 최근 뉴스에서 오르칼 바이러스에 대한 소식을 여러 번 들었어. 오르칼 바이러스가 유럽에 있는 여러 나라에서 빠르게 퍼지고 있다고 말이야. 그런데 이제는 유럽을 넘어 전 세계적으로 전파되기 시작한 모양이야.

라디오 뉴스에 귀를 기울이던 아빠 얼굴에 걱정이 가득했어.

"오르칼 바이러스가 어서 잦아들어야 할 텐데 걱정이구나."

하지만 민재는 이 모든 것이 먼 나라의 이야기처럼 들렸어. 그래서 대수롭지 않게 말했어.

"에이, 걱정 마세요! 저건 유럽에서 번지잖아요. 설마 우리나라까지 오겠어요?"

그러나 민재의 생각과 달리, 얼마 지나지 않아 한국 역시 오르칼 바이러스에 점령당하고 말았어. 하루에도 수백 명씩 오르칼 바이러스에 감염되었다는 소식이 전해졌지.

오르칼 바이러스 때문에 민재의 일상도 매우 달라졌어. 어디를 가나 항상 답답한 마스크를 쓰고 다녀야 했어. 학교에도 갈 수 없게 되었어. 수업을 듣고 친구들을 만나는 일 모두 온라인으로 해야 했지. 또 자주 드나들던 상점, 음식점, 박물관, 영화관에도 가지 못하게 됐어. 바이러스가 퍼지는 걸 막기 위해 사람들이 많이 이용하는 시설을 모두 닫아 버렸거든.

"〈강철맨〉이 영화관에서 본 마지막 영화가 될 줄이야. 그때는 이렇게 될 줄 몰랐는데…….."

이뿐만 아니야. 얼마 전, 민재는 식료품을 사기 위해 엄마와 함께 마트에 갔다가 황당한 일을 겪었어.

그날 마트는 평소 모습과 좀 달랐어. 언제나 물건들로 꽉꽉 채워진 진열대가 텅 비어 있었거든.

"어라? 진열대가 왜 이렇게 비어 있지?"

"엄마, 아직 물건을 안 채워 놨나 봐요."

그런데 옆쪽 진열대에 딱 하나 남은 휴지가 있었어.

"어? 엄마! 저기 하나 남아 있어요! 우리 휴지 사야 하잖아요!"

민재가 휴지를 향해 손을 뻗은 순간, 누군가 민재의 몸을 세게 밀쳤어. 그 바람에 민재는 그대로 바닥에 넘어졌지.

"으악!"

엄마가 서둘러 달려와 민재를 일으켰어.

"민재야! 괜찮니?"

엄마는 어디 다친 곳이 없나 민재의 몸 곳곳을 살폈어. 다행히 크게 다친 곳은 없었어.

"네, 괜찮아요."

"세상에. 누가 이렇게 조심하지 않고!"

엄마와 민재는 주변을 둘러보다 저 멀리 도망가고 있는 사람의 뒷모습을 보았어. 민재가 집으려고 했던 바로 그 휴지를 들고 말이야! 그 사람은 휴지를 먼저 차지하기 위해 민재를 밀쳤던 거야.

"뭐 저런 사람이 다 있어?"

잔뜩 화가 난 엄마가 한숨을 쉬더니 말했어.

"그만 가자. 사람들이 사재기를 해서 진열대가 모두 텅 비어 있는 것 같아."

"사재기요?"

엄마는 지금과 같은 재난 상황에는 사재기 현상이 흔히 일어난다고 말했어. 사재기 현상은 혹시라도 재난 때문에 필요한 물건을 구할 수 없게 될까 봐 마구잡이로 물건을 사 두는 거야. 민재와 엄마는 결국 사려던 물건의 반도 사지 못한 채 집에 돌아와야 했어. 집에 오자마자 민재는 아빠에게 후다닥 달려가 말했어.

"아빠, 마트에서 무슨 일이 있었는 줄 아세요? 글쎄……."

그런데 이때 TV에서 갑자기 뉴스 속보가 흘러나왔어.

"빠르게 퍼지는 바이러스를 막기 위해 다음 주부터 외출 금지령이 시행됩니다. 국민 여러분께서는 약이나 필요한 물품을 사는 활동 외

에는 가능한 한 집 안에 머물러 주시기 바랍니다."

속보를 들은 민재와 가족들은 깜짝 놀랐어. 외출 금지령이라니! 오르칼 바이러스에 감염된 환자가 점점 늘어나자 정부는 바이러스가 퍼지는 걸 막기 위해 특단의 대책을 내세운 거야.

"아예 외출을 못한다고요?!"

민재는 울상이 되었어. 오르칼 바이러스가 얼마나 무섭기에 마음대로 밖에 다니지도 못하는 걸까? 엄마와 아빠는 곧 상황이 좋아질 거라며 민재를 안심시켰지만 민재는 두려움이 사라지지 않았어. 며칠 동안 집 안에 꽁꽁 틀어박혀 있자 온갖 불길한 상상이 저절로 떠올랐어.

"이러다 세상 모든 사람들이 오르칼 바이러스에 걸리는 거 아니야? 만약에 엄마, 아빠가 죽고 나 혼자 살아남으면 어떡하지?"

민재는 기분이 축 처지고 우울해져서 아무것도 하고 싶지 않았어. 밤에도 불안감 때문인지 도통 잠이 오지 않았어.

"양을 세다 보면 잠이 온다고 했어. 그래. 머릿속으로 양을 세 보는 거야. 하나, 둘, 셋, 넷……."

민재는 머릿속에서 울타리를 깡충 뛰어넘는 양들을 상상했어. 그러나 양을 세다가도 자꾸만 오르칼 바이러스에 대한 생각이 떠올랐지.

"열하나, 열둘…… 그런데 평생 오르칼 바이러스가 안 없어지면 어떡하지? 이렇게 집에 갇힌 상태로 영원히 살게 된다면? 세상이 망해 버린다면?!"

그런데 이때, 똑똑! 민재의 방 창문을 두드리는 소리가 들렸어. 민재의 얼굴이 하얗게 질렸어. 민재의 방은 14층인데 대체 누가 창문을 두드릴 수 있다는 거야!

"히익! 설마 귀신?! 으아악!"

민재는 이불을 머리끝까지 뒤집어쓰고 바들바들 떨었어. 그런데 이때 창문 밖에서 익숙한 목소리가 들려왔어.

"민재야! 나야, 나! 강철맨!"

깜짝 놀란 민재는 조심스레 이불을 걷고 창문 쪽으로 다가갔어.

"강철맨이라고?"

정말로 창밖에는 민재가 좋아하는 히어로, 강철맨이 둥둥 떠 있었어. 영화 속에서 본 모습처럼 번쩍이는 파란색 강철수트를 입은 채 말이야.

"정말로 강철맨이잖아?!"

"민재 네가 너무 무서워하고 있는 것 같아서 찾아왔어."

강철맨이 말하자 민재는 어쩐지 긴장이 풀렸어. 민재는 강철맨에게 불안한 마음을 솔직하게 고백했어.

"사람들이 모두 바이러스에 걸려 죽을까 봐 무서워요. 오르칼 바이러스 때문에 세상이 망하면 어떡하죠?"

민재의 말을 모두 들은 강철맨은 민재에게 보여 줄 것이 있다며 손을 내밀었어.

"나와 함께 가겠니?"

잠시 망설이던 민재는 고개를 끄덕이고, 강철맨의 손을 잡았어. 그러자 강철맨이 창문 밖으로 민재의 손을 힘차게 끌어당겼지.

"으아아악!"

눈을 질끈 감은 민재는 얼굴에 닿는 시원한 바람에 슬며시 눈을 떴어. 그러자 발밑에 펼쳐진 도시의 풍경이 보였어. 민재는 강철맨의 등 위에 올라타 하늘을 날고 있었던 거야.

"우아~!"

강철맨과 민재는 보드라운 구름을 뚫고 하늘 위를 시원하게 날았어. 며칠 동안 집 안에만 틀어박혀 있다가 밖에 나오자 가슴이 뻥 뚫릴 듯 시원했어. 그때 유독 밝게 빛나는 한 건물이 보였어.

"민재야, 저기가 어딘지 알겠니?"

강철맨이 묻자 민재는 모르겠다고 대답했어.

"저기는 바로 병원이야. 이 늦은 시간까지 왜 저렇게 환히 불이 켜져 있는 걸까?"

"그, 글쎄요."

강철맨은 빠르게 날아 병원의 창문 쪽으로 다가갔어. 민재는 강철맨과 함께 병원 창문 앞에 둥둥 뜬 채 병원 안을 들여다봤어.

병원 안에는 오르칼 바이러스에 걸린 환자들을 열심히 치료하고 있는 의사와 간호사들이 보였어. 늦은 시간인데도 수많은 의료진들이 환자들을 치료하기 위해 바삐 움직이고 있었지. 감염을 막기 위해 머리끝부터 발끝까지 온몸을 방호복으로 꽁꽁 감싼 채 말이야.

"모두 잠들어 있는 이 시간에도 의료진들은 최선을 다해 환자들을 치료하고 있어. 덕분에 점점 건강해지는 환자들이 늘고 있지."

강철맨은 오르칼 바이러스로부터 사람들을 구하기 위해 열심히 노력하는 영웅들이 아주 많다고 말했어. 그리고 나서 민재에게 다른 영웅들을 보여 주겠다며 힘차게 날아갔지.

이번에 도착한 곳은 한 제약 회사의 연구실이었어. 연구원들은 무언가 열심히 연구하고 있었지.

"뭘 저렇게 연구하고 있는 거예요?"

민재가 호기심 어린 눈빛으로 묻자 강철맨이 대답했어.

"오르칼 바이러스를 연구하는 중이야. 오르칼 바이러스를 이용해서 감염을 예방하는 백신을 만들 수 있거든."

강철맨은 오르칼 바이러스의 백신을 만들기 위해 연구원들이 매일 밤낮없이 노력하고 있다고 말했어.

"백신이 완성되기까지 얼마 남지 않았어. 백신을 맞으면 오르칼 바이러스에 감염되는 사람들의 수가 매우 줄어들 거야. 그럼 우리도 일상을 되찾을 수 있을 거고! 자, 또 다른 영웅들을 만나러 가 볼까?"

이번에 도착한 장소는 한 방송국이었어. 민재가 자주 보던 뉴스와 예능 프로그램을 만드는 방송국이었지.

"민재야, 저기 봐 봐! 오르칼 바이러스에 대한 정확하고 발 빠른 소식을 만들기 위해 기자들이 뉴스를 준비하고 있어. 정확한 소식을 알지 못하면 사람들이 불안감에 시달릴 수 있거든."

강철맨은 연이어 이곳저곳을 날아다니며 다양한 영웅들을 보여 줬어. 구호 물품을 전달하는 공무원, 바이러스 확산 지도를 만들고 있는 개발자, 확진자들이 다녀간 곳을 열심히 소독하는 방역 요원들까지! 민재는 바이러스를 극복하기 위해 이렇게 많은 사람들이 힘쓰고 있다는 사실을 알게 됐어.

"정말 다들 너무 대단해요."

"영웅이 또 한 명 있어."

"그게 누군데요?"

민재가 묻자 강철맨은 다름 아닌 민재를 가리켰어.

"바로 민재 너야."

강철맨의 말에 민재는 어리둥절해져서 손가락으로 자신을 가리키며 되물었어.

"네? 제가요?"

"응."

"그, 그치만 전 아무것도 한 게 없는데요?"

"민재 너는 그동안 어디를 가나 마스크를 열심히 쓰고 다녔지? 손도 열심히 씻고, 기침을 할 때도 침이 튀지 않도록 꼭 팔꿈치 안쪽으로 가렸고. 또 감염을 막기 위해 사람들이 많은 곳에 가지 않고 외출을 하지 말라는 당부도 잘 따랐고 말이야."

강철맨이 말하는 일들은 대단한 일들이 아니었어. 민재는 누구나 하는 당연한 일이라며 손사래를 쳤어. 그러자 강철맨은 웃으며 말했지.

"아니, 그건 충분히 대단한 일이야. 바이러스의 유행을 멈추려면 개개인이 방역 수칙을 잘 지키는 것이 무엇보다 중요하거든. 그동안 방역 수칙을 열심히 지킨 민재 역시 이 시대의 멋진 영웅이야!"

강철맨이 크게 칭찬하자 민재는 어쩐지 쑥스러워서 머리를 긁적였어. 제일 좋아하는 영웅인 강철맨이 자신을 영웅이라고 인정해 주다니 믿을 수가 없었지.

"민재야, 인류의 역사를 보면 바이러스 때문에 위기에 빠지는 일은 항상 있었어. 과거에 위기를 잘 극복해 낸 것처럼, 이번 위기 역시 반드시 극복할 거야! 그러니 너무 두려움에 떨지 말고 지금처럼 방역 수칙을 잘 지키며 위기를 잘 넘길 때까지 기다릴 수 있겠니?"

잠시 망설이던 민재는 강철맨을 향해 힘차게 고개를 끄덕였어.

"네! 너무 두려워하지 않고 제가 할 수 있는 노력을 하고 있을게요!"

강철맨은 하늘을 날아 민재를 방에 조심스레 내려 주었어. 그러고 나서 두려움에 떨고 있는 또 다른 어린이들을 달래러 날아갔어.

다음 날, 아침 일찍 일어난 민재는 오랜만에 방 청소를 하고 창문도 활짝 열어 환기도 시켰어. 주변 환경을 깨끗하게 하는 것이 바이러스를 예방하는 데 좋다고 강철맨이 말해 줬거든.

또, 면역력을 지키기 위해 밥도 잘 먹고, 잠도 잘 자기 위해 노력했어. 민재가 불안을 가라앉히고 활기를 되찾자 엄마와 아빠도 한시름을 놓았어.

이때 반가운 소식이 뉴스에서 흘러나왔어.

"오르칼 바이러스가 퍼지는 속도가 줄어들고 감염 또한 줄고 있습니다. 이에 따라 외출 금지령이 해제되었다는 소식입니다!"

얼마 지나지 않아 민재는 다시 학교에서 친구들을 만났어. 아직 오르칼 바이러스가 완전히 사라진 것은 아니라 손을 잡을 수도, 마음껏 어울리며 놀 수도 없었지만 그래도 괜찮았어. 강철맨의 말대로 언젠간 이 위기가 반드시 끝날 거라고 믿고 있기 때문이야.

"오르칼 바이러스가 사라지는 그날까지 내가 할 수 있는 노력을 다 할 거야. 나는 강철맨이 인정해 준 영웅이니까!"

인류의 역사를 바꾼 바이러스

인류의 역사와 함께해 온 바이러스

바이러스는 아주 오래 전부터 인간들과 함께 살아왔어. 그걸 어떻게 아냐고? 수천 년 전에 살았던 사람의 몸에서도 바이러스의 흔적이 있거든.

지금으로부터 3000년 전에 살았던 고대 이집트의 왕, 람세스 5세의 얼굴에는 천연두에 걸렸던 흉터가 있어. 천연두 바이러스에 걸리면 곰보 자국이라는 흉터가 남는데 람세스 5세의 미라에서 이 흔적이 발견된 거야. 이것은 람세스 5세가 살아 있을 때 천연두 바이러스에 감염된 적이 있다는 증거야.

중국에서도 이와 비슷한 시기인 기원전 1112년경에 천연두가 유행했다는 묘사가 있어. 천연두가 언제 어디서 처음 나타났는지는 아직 수수께끼로 남아 있어. 다만 우리가 알 수 있는 건 바이러스가 수천 년 전부터 이미 인류와 함께 있었다는 거지.

옛날에는 바이러스의 존재를 정확히 알지 못했어. 그래서 전염병이 퍼지면 신이 인간에게 벌을 내린 거라고 생각했어. 사람들은 신의 노여움을 풀기 위해 하늘에 기도를 올리거나 제사를 지냈지.

"신이시여! 노여움을 풀고 용서해 주시옵소서!"

그렇다면 사람들은 바이러스의 존재를 언제 처음 알게 되었을까?

1892년 러시아의 미생물학자 이바노프스키는 담뱃잎에 생기는 병

드미트리 이바노프스키

을 연구하던 중에 새로운 사실을 알아냈어. 그것은 세균만 걸러 낼 수 있는 세균 여과기로도 걸러지지 않는 아주 작은 물질이 있다는 것을 알게 된 거야.

"어라? 세균보다 더 작은 미생물이 있잖아?"

당시 과학자들은 세균이 이 세상에 있는 가장 작은 생물이라고 생각했어. 그런데 세균보다 더 작은 물질이 있다는 것을 처음 알게 된 거야. 이로부터 몇 년 후, 이바노프스키의 실험을 다시 해 본 네덜란드의 과학자, 베이에링크가 세균보다 더 작은 물질에 '바이러스'라는 이름을 처음으로 붙였어.

하지만 인간이 바이러스의 모습을 직접 본 것은 그로부터 40년이나 지난 후야. 그때서야 바이러스를 볼 수 있는 전자 현미경이 발명됐거든. 전자 현미경이 발명되고 난 후 바이러스에 대한 연구는 매우 활발해졌어. 그 결과로 인류를 괴롭히던 감기, 천연두, 홍역, 소아마비 등이 바이러스 때문에 일어난 질병이라는 것도 밝혀냈지.

인류를 위협한 바이러스 사건들

바이러스는 아주 오랫동안 인류에게 두려움을 안겨 주었어. 역사 속에서 인간을 두려움에 떨게 만든 바이러스 사건은 어떤 것들이 있을까?

☀ 세계의 운명을 바꾼 바이러스 '천연두'

천연두는 두창 바이러스에 감염되어 걸리는 병이야. 이 바이러스에 전염되면 갑자기 열이 나면서 추위와 두통이 시작돼. 그리고 얼굴과 온몸에 수포가 올라오는데 이 수포가 곪아 터지면서 눈에 띄는 흉터를 남겨. 사람들 사이에 매우 쉽게 전염되고, 사망률도 매우 높아. 그래서 오랜 기간 동안 사람들에게 두려움 그 자체였어. 18세기 유럽에서는 천연두로 매년 40만 명이 사망했다고 하니 얼마나 무서운 바이러스인지 알겠지?

천연두 바이러스는 세계의 역사를 바꾼 바이러스라고도 불려. 나라를 다스리던 통치자들이 천연두에 걸려 많이 죽었기 때문이야. 로마의 아우렐리우스 황제, 영국의 여왕 메리 2세, 프랑스의 왕 루이

15세, 러시아의 황제 표트르 2세 모두 천연두로 목숨을 잃었어.

천연두는 신대륙을 정복하게 만든 바이러스로도 유명해. 1519년, 스페인의 군인이었던 코르테스는 신대륙을 정복하기 위해 병사 수백 명을 이끌고 남아메리카 대륙 아즈텍 왕국에 도착했어. 하루아침에 침입을 당한 아즈텍 사람들은 코르테스의 군대에 맞서 첫 전투에서 큰 승리를 거두었어.

영국의 여왕 메리 2세의 초상화

프랑스의 루이 15세

하지만 승리의 기쁨도 잠시, 아즈텍 사람들은 갑자기 하나둘 시름시름 앓기 시작했지. 바로 천연두에 감염된 스페인 군인에게서 바이러스가 전염된 거야. 천연두 바이러스는 아즈텍 사람들 사이에 빠르게 번졌어. 얼마 지나지 않아 아즈텍 인구 4분의 1이 죽고 말았어. 이 틈을 노려 스페인 군은 손쉽게 신대륙을 차지했지.

인류를 두려움에 떨게 한 천연두 바이러스는 이제는 더 이상 지구상에 존재하지 않아. 백신을 만들어 퇴치했기 때문이야. 이로써 천연두는 인류가 백신을 만들어 없앤 최초의 감염병으로 기록되었어.

☀ 아프리카를 초 비상사태로 만든 '에볼라 바이러스'

에볼라 바이러스는 아프리카의 에볼라 강 근처에서 발견된 바이러스야. 처음 발견된 장소의 이름을 따서 '에볼라 바이러스'라는 이름을 붙였지. 이 바이러스에 감염되면 증상이 나타나기까지 7~10일 정도 잠복기를 거쳐. 잠복기가 끝나면 고열, 두통, 근육통, 구토, 설사 등 증상이 나타나. 더 진행되면 눈과 코, 입, 내장에서 피가 쏟아지며 쇼크로 사망하지.

이 바이러스는 1976년 6월, 아프리카 수단에서 첫 희생자가 나타나며 널리 알려졌어. 고열과 두통을 호소하며 쓰러진 환자는 병원에

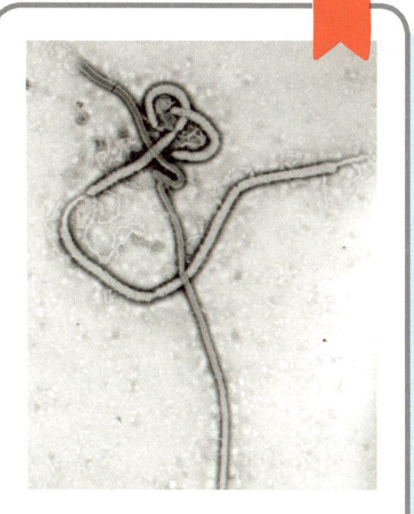

전자 현미경으로 찍은 에볼라 바이러스의 모습

옮겨진 뒤에 코와 입에서 엄청난 피를 쏟으며 사망했어. 그런데 이 과정에서 주변에 있던 환자들이 바이러스에 감염되었어. 결국 151명이 안타깝게 목숨을 잃었지.

에볼라 바이러스는 사망률이 굉장히 높아. 최근 알려진 바이러스 가운데 가장 위험한 바이러스로 불리지. 일단 감염되면 감염자가 너무 빠른 시간 안에 죽기 때문에 바이러스 역시 순식간에 번졌다가 한순간에 사그라져. 하지만 또다시 나타나기를 반복해서 과학자들은 확실한 치료법을 알아내기 위해 노력했어. 그 결과, 2020년 '인마제브'라는 치료제가 만들어졌어. 이 치료제가 에볼라 바이러스를 완벽하게 정복할 수 있기를 전 세계가 기대하는 중이야.

☀ 모기가 옮긴 치명적인 바이러스 '황열'

황열은 아르보 바이러스를 가진 열대 숲 모기에게 물렸을 때 감염되는 병이야. 이 바이러스에 감염되면 고열이 나며 황달이 생기고 온몸이 바나나처럼 노랗게 변해. 이 때문에 '노랗게 변하게 하는 열병'이라는 뜻으로 '황열(黃熱, yellow fever)'이라는 이름이 생겼지.

황열은 황달 외에도 구토, 설사, 두통을 일으키고, 증상이 심하면 10~14일 만에 죽게 되는 무서운 바이러스야. 다행히 남아프리카 공화국의 미생물학자, 막스 타일러가 백신을 만들어 예방할 수 있는 병이 되었지. 열대 숲 모기가 자주 나타나는 중부 아프리카와 남미 지역을 방문할 때는 반드시 황열을 예방하는 백신을 맞아야 해.

21세기 최악의 감염병 '코로나19'

2019년 세계는 또 한 번 전염병 공포에 빠졌어. 바로 신종 코로나 바이러스가 등장했기 때문이야. WHO가 정한 정식 명칭은 'COVID-19'이고 우리나라에서는 '코로나19'라고 불러. COVID-19에서 CO는 코로나(corona)를 뜻해. VI는 바이러스(virus)를, D는 질병

(disease)을, 19는 코로나가 처음 시작된 2019년을 의미해.

코로나19는 2019년 12월, 중국 우한에서 처음 발생한 후 전 세계로 퍼진 호흡기 감염병이야. 주로 감염자의 침방울을 통해 전염되며 발열, 기침, 호흡 곤란, 폐렴 등 다양한 증상이 나타나. 하지만 아무런 증상이 없는 무증상 감염자도 많아.

코로나 바이러스에서 '코로나'는 라틴어로 '왕관'을 뜻해. 바이러스의 표면에 뾰족뾰족한 돌기가 나 있는 모습이 마치 왕관처럼 보여서 붙여진 이름이지.

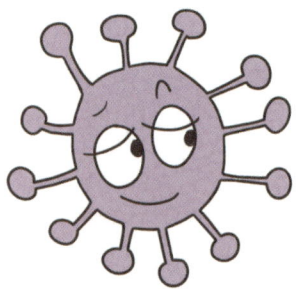 

코로나 바이러스가 유행병을 일으킨 것은 이번이 처음이 아니야. 코로나 바이러스는 아데노 바이러스, 리노 바이러스와 함께 사람에게 감기를 일으키는 흔한 바이러스거든. 우리가 한 번쯤 걸려 본 감기가 바로 코로나 바이러스 때문에 걸려. 또한 전 세계적으로 많은 사망자를 낳은 사스 바이러스, 메르스 바이러스 역시 이 코로나 바이

러스의 일종이야.

그런데 이번에 나타난 코로나19는 기존의 코로나 바이러스와 전혀 다른 특징이 있어. 처음에는 가벼운 감기 몸살인 것처럼 나타나다가 갑자기 상태가 나빠지는 거야. 게다가 바이러스의 전파력이 매우 강해서 2019년 중국에서 처음 시작된 후, 단 몇 달 만에 전 세계로 퍼지고 말았어.

사실 전문가들은 코로나19 바이러스가 사스 바이러스나 메르스 바이러스보다는 약하다고 판단해.

"코로나19는 전파력이 매우 강하지만 사망까지 이르게 하는 치사율은 약합니다!"

하지만 코로나19에 대해 마음을 놓을 수 없는 이유가 따로 있어. 바로 변이 바이러스를 만들어 내기 때문이야.

변이 바이러스? 그게 먼데?

코로나19가 유행하자 전 세계 나라들은 적극적으로 방역을 하는 정책을 펼쳤어. 바이러스가 전염되는 걸 막기 위해 사람들은 마

스크를 쓰기 시작했어. 학교나 상점, 공연장 등 사람이 많이 몰리는 장소는 문을 닫았지. 심지어 독일과 이탈리아의 경우, '락 다운(Lockdown)'이라는 외출 금지령까지 내렸어.

2021년, 각 나라에서 백신을 접종하기 시작하자 전 세계는 차츰 일상을 되찾아 가는 것처럼 보였어.

"백신을 맞았으니 이제 곧 코로나19가 사라지겠지?"

하지만 코로나19 바이러스 환자들이 또 한 번 폭발적으로 치솟았어. 왜 그랬냐고? 바로 변이 바이러스 때문이야.

'변이 바이러스'란 원래 있던 바이러스와는 다른 '돌연변이 바이러스'야. 몸 안에 들어온 바이러스는 스스로를 복제해 그 수를 늘려. 이 과정에서 일종의 불량품인 돌연변이가 생겨나. 이러한 돌연변이들이 몸 안에서 성공적으로 적응하면 변이 바이러스가 되는 거지.

변이 바이러스의 가장 큰 문제는 전파력이 전보다 더 강해졌다는 거야. 변이 바이러스가 지닌 전파력에 대해 영국 공중보건국은 이렇게 발표했어.

"영국에서 발견된 변이 바이러스는 전염성이 전보다 30~50% 더 높아졌습니다!"

변이 바이러스의 문제는 또 있어. 바로 어렵게 만든 백신이 통하지

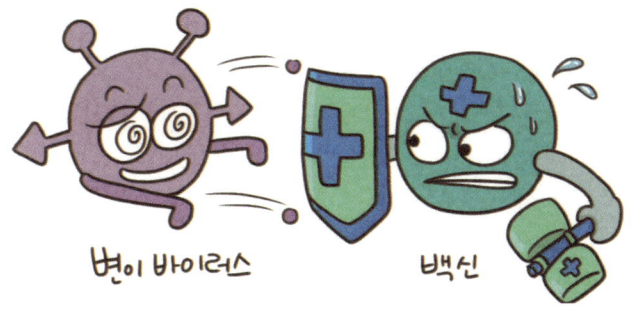

않을 가능성이 있다는 거야. 지금 나온 백신은 처음에 나타난 코로나 19 바이러스를 연구해서 만들었어. 그런데 바이러스가 달라져 버리면 이 백신이 소용없을 수도 있는 거지.

다행히도 전문가들에 따르면 백신은 변이 바이러스에도 어느 정도 효과가 있을 거라고 해. 지금의 백신을 변이 바이러스에 맞게 수정하는 일도 그리 어렵지는 않다고 해. 하지만 우리나라를 비롯해 영국, 미국, 브라질, 인도 등 여러 나라에서 변이 바이러스가 계속 나오고 있어서 전 세계 나라들은 아직 긴장의 끈을 놓을 수 없다는 반응이야.

신종 바이러스는 왜 자꾸 등장할까?

　21세기에 들어서 사스, 메르스, 에볼라, 코로나19까지 신종 바이러스가 자주 나오고 있어. 신종 바이러스는 왜 자꾸 나오는 것일까?

　전문가들은 신종 바이러스가 나타나는 것이 환경 파괴와 매우 깊은 연관이 있다고 말해. 바이러스 대부분은 열대 지역에 있는 숲에 사는 원숭이나 쥐, 박쥐 같은 동물들의 몸에 퍼져 있는 경우가 많아. 이러한 바이러스는 사람에게는 매우 해롭지만 동물들의 몸에는 큰 영향을 주지 않아. 그런데 인간들이 개발하기 위해 자연을 파괴하면서 깊은 숲속에 있던 동물들과 접촉하게 된 거야. 그러면서 바이러스도 옮게 된 거고.

　지구 온난화 역시 신종 바이러스가 늘어난 원인으로 꼽히고 있어. 지구 온난화가 모기를 늘리기 때문이야. 인간에게 치명적인 바이러스를 옮기는 모기 중에는 열대 지방에 사는 모기들이 많아. 그런데 온난화로 많은 나라들이 점점 더워져서 열대 지방에만 살던 모기들이 다른 나라로 이동하게 된 거야. 이제는 열대 모기가 살 수 있는 나라들이 훨씬 많아졌어. 이 때문에 특정 지역에서만 생기던 전염병이 더 많은 나라에서 유행하게 되었지.

신종 바이러스가 유행하면서 뜻밖의 선물도 있었어. 코로나19 바이러스가 확산되며 전 세계가 잠시 활동을 멈추자 세계 곳곳에서는 믿을 수 없는 현상이 일어났어.

관광객의 발길이 뚝 끊긴 인도네시아의 라자암팟 해변에서는 멸종 위기인 장수거북이 몰려와 알을 낳았어. 이 장수거북은 멸종 위기 동물 중에서도 가장 심각한 단계인 '위급'에 속해. 그런데 인간들의 발길이 끊기자마자 수많은 장수거북이 몰려와 해변에서 마음 편히 알을 낳은 거야. 그 결과로 아기 거북 200마리가 무사히 태어났어.

멕시코의 푸에르토 마르케스 해변에서는 60년 만에 파란 형광빛 바다가 돌아왔어. 이 바다는 원래 생물 발광 플랑크톤으로 인해 푸른 형광빛을 내는 것이 특징이었어. 하지만 관광객들이 늘면서 이 모습은 사라져 버렸어. 코로나19로 사람들의 방문이 줄어들자 짧은 시간 안에 본래 모습을 되찾은 거야.

바이러스 사태가 가져온 뜻밖의 선물은 그동안 인간이 얼마나 자연을 파괴하고 있었는지를 반성하는 계기가 되었어. 신종 바이러스가 유행하며 자연이 인간에게 그만 환경을 파괴하라고 경고하는 것이 아니냐는 의견도 있었지.

기적을 만들어 낸 해시태그

"이번 오디션의 우승자는 바로 유진입니다!"

우승자가 발표되자 객석에서는 우레와 같은 박수 소리가 터졌어.

"내, 내가 우승자라고?"

무대 위에 서 있던 유진은 어안이 벙벙해졌어. 동료들의 축하를 듣고 나서야 오디션의 주인공이 되었다는 사실을 깨달았어. 그러자 참았던 눈물이 왈칵! 터졌지.

모든 것이 꿈만 같았어. 유진은 석 달 전 오디션에 참가 신청서를 낼 때가 떠올랐어.

그때 유진은 아무도 모르게 오디션 참가 신청서를 냈어. 남몰래 품어 온 가수의 꿈에 도전하기 위해서였지. 유진은 아주 어릴 때부터 무대에서 노래를 부르고 싶다는 꿈을 꾸었거든. 하지만 부끄러움이 많은 성격 탓에 그 누구에게도 자신의 꿈을 말한 적이 없었지.

"내가 어떻게 가수가 될 수 있겠어……."

유진은 애써 꿈을 접은 채 한 대학교의 컴퓨터 공학과에 진학했어. 하지만 대학에 들어간 뒤에도 꿈을 포기할 수가 없었어. 수업을 듣다가도, 숙제를 하다가도 무대 위에서 노래를 부르고 싶다는 생각이 불쑥불쑥 튀어나왔기 때문이야.

그러던 어느 날, 유진은 차세대 케이팝 스타를 뽑는 오디션이 열린다는 소식을 알게 됐어.

'사람들을 감동시킬 케이팝 스타를 모집합니다! 당신의 꿈에 도전하세요!'

며칠 밤을 고민한 끝에 유진은 아무도 모르게 오디션에 참가했어. 그리고 열심히 노력한 끝에 그 오디션에서 우승까지 하게 된 거야.

유진이 오디션에서 우승할 만큼 많은 시청자들에게 사랑을 받은 이유는 무엇일까?

가장 큰 이유는 훌륭한 실력 때문이야. 아름다운 목소리, 뛰어난

기타 실력, 곡을 만드는 프로듀싱 능력까지! 유진은 다양한 재능이 있었어. 그래서 오디션에서 다채로운 무대를 선보였지.

하지만 결정적으로 사람들에게 유진을 널리 알리게 된 이유는 따로 있어. 바로 인종 차별의 아픔을 담은 노래를 불렀기 때문이지.

유진은 한국인 아버지, 프랑스인 어머니 아래에서 태어난 혼혈인이야. 사실 유진은 자신이 남들과 다르다는 것을 느끼지 못했어. 부모님의 국적과 생김새가 서로 다르다는 건 유진에게 매우 당연한 사실이었어. 유진이 태어난 순간부터 지금까지 쭉 그래 왔기 때문이야.

하지만 학교를 다니기 시작하면서 유진은 남들과 자신이 조금 다르다는 사실을 느끼기 시작했어. 유진은 부모님의 일 때문에 어렸을 때부터 한국과 프랑스를 오가며 학교에 다녔어. 그렇게 학교에 다니는 동안 유진은 아이들에게서 혹독한 인종 차별을 겪었거든.

"넌 눈동자색이 왜 그래?"

"머리카락 색깔이 좀 이상한 것 같아."

처음에는 그저 생김새가 다르다는 이유로 따돌림을 받았어. 그러다 점차 이유 없는 괴롭힘이 계속됐지. 유진은 점점 자신이 이상한 존재가 된 것 같았어. 친구도 없었지. 혼자 학교 화장실에서 눈물을 흘리는 날이 많아졌어. 더 이상 학교에도 가고 싶지 않았고, 마음속에는 오직 깊은 슬픔만이 가득 찼지.

그러던 어느 날, 동영상 재생 사이트에서 우연히 한 노래를 듣게 됐어. 인종 차별을 반대하는 메시지를 담은 노래였어. 그 노래를 듣자 유진은 상처가 치유되는 것 같은 경험을 했어.

"음악이 마치 마음을 어루만져 주는 것 같아."

그 노래는 유진에게 '이 세상에 너는 혼자가 아니야' 하고 말하는 것 같았어. 유진은 노래를 들으며 큰 위로를 받았어.

"나도 이 음악처럼 다른 사람에게 힘이 되는 노래를 만들 수는 없을까?"

그날 이후 유진은 가수의 꿈을 품게 됐어. 그리고 자신의 이야기와 노래를 오디션에서 선보였어. 유진의 노래는 유진처럼 힘든 경험을 한 사람들에게 아주 따뜻한 위로를 전해 주었어. 그 덕분에 큰 공감을 얻으며 오디션에서 우승할 수 있었지.

오디션에서 우승을 하고 나서 유진은 전 세계 팬들의 사랑을 받는 글로벌 스타로 성장했어. 미국, 영국, 브라질, 중국까지! 세계 어느 곳을 가든 유진의 팬들이 있었지.

얼마 전, 유진은 자신의 SNS 계정으로 팬들에게 깜짝 소식을 전했어.

"여러분, 제가 드디어 첫 세계 투어 공연을 하게 되었습니다!"

유진의 첫 세계 투어가 시작된다는 소식에 전 세계 팬들은 다양한 언어로 축하 인사를 남겼어. 처음 하는 세계 투어인만큼 팬들의 기대는 하늘 높이 치솟았지.

유진은 완벽한 공연을 하기 위해 연습실과 집만 오가며 계속해서 연습했어. 어찌나 열심히 했는지 연습이 끝나면 누가 톡! 건드리기만 해도 쓰러질 지경이었지.

하지만 그럴 때마다 유진은 자신을 응원해 주는 팬들을 떠올렸어. 무대를 향해 뜨거운 환호를 보내는 관객들의 모습을 말이야.

"팬들을 위해서라면 그 어떤 힘든 일도 견딜 수 있어!"

팬들을 생각하면 아무리 힘이 들어도 다시 공연 연습에 열중할 수 있었지.

"하루빨리 팬들을 만나고 싶어! 어서 공연을 하게 되었으면!"

그런데 공연을 며칠 앞둔 어느 날, 뜻밖의 소식이 전해졌어.

"세계보건기구인 WHO가 팬데믹을 선포했습니다!"

세계적으로 감염병이 대유행하는 팬데믹이 선포된 거야! 감염병이 전파되는 걸 막기 위해 사람들이 다른 나라로 이동하는 것도 금지되었지. 결국 유진의 첫 세계 투어는 취소되고 말았어.

열심히 준비한 공연이 취소되자 유진은 크게 실망했어. 지난 몇 달간 기울인 노력이 모두 물거품이 된 것 같았지. 그런데 유진의 SNS에 댓글이 달렸다는 알림 소리가 울렸어.

"뭐지?"

기운 없이 침대에만 누워 있던 유진은 SNS를 확인하고 깜짝 놀랐어. 팬들이 유진의 SNS에 응원의 댓글을 남기기 시작한 거야. 댓글에는 '힘을 내요_유진'이라는 해시태그가 달려 있었지.

공연이 취소된 유진의 마음을 위로하기 위해 팬들이 벌인 이벤트였던 거야. 팬들의 응원을 받고 유진은 미안함과 동시에 고마움을 느꼈어. 그리고 팬들에게 보답하고 싶다는 생각이 들었지.

"어차피 공연은 취소되었고, 팬데믹 사태 때문에 집에만 있어야 해. 이 시간을 이용해 사람들에게 도움이 되는 일을 할 수는 없을까?"

고민하던 유진의 귀에 뉴스를 보던 아빠의 목소리가 들렸어.

"저런, 확진자와 같은 장소를 방문했다가 감염된 사람들이 많은가 보네!"

확진자란 바이러스에 감염되었다고 확실하게 진단받은 사람을 말해. 이번에 유행하고 있는 감염병은 코, 입, 폐 등 호흡하는 기관에 바이러스가 번식해서 병을 일으켜. 확진자와 한 공간에서 숨을 쉬면 공기 중으로 퍼진 바이러스에 의해 전염이 될 가능성이 높지. 그래서 가능한 한 확진자와 같은 장소에 있지 않도록 주의해야 돼.

그런데 문제는 방금 전에 확진자가 있었다는 사실을 모른 채 그 장소에 갔다가 감염되는 사람들이 많이 있다는 거야.

아빠는 안타까운 얼굴로 말했어.

"확진자가 방문한 장소라는 걸 빨리 알기만 했어도 사람들이 그곳에 가지 않았을 텐데. 그러면 바이러스 감염도 많이 막을 수 있었을 거고."

아빠의 말을 들은 유진은 갑자기 좋은 생각이 떠올랐어.

"만약 확진자들이 어디를 들렀는지 실시간으로 알 수 있다면 사람들이 알아서 그 장소를 피하지 않을까? 그런 정보를 누구나 스마트폰으로 확인할 수 있다면?"

유진은 컴퓨터 공학과에서 공부했던 경험을 살려 '바이러스 지도'라는 앱을 만들기로 했어. 확진자들이 움직인 자취를 지도 위에 선으로 나타내 주는 프로그램이었지.

유진의 생각을 들은 친구들 역시 힘을 보태기로 했어. 앱 안에 더 많은 정보를 담을 수 있도록 역할을 나눠서 유진을 돕기로 한 거야. 이런 작업은 집에서 각자 온라인으로 할 수 있었기 때문에 팬데믹 상황에도 큰 문제가 없었어.

친구들이 함께해 준 덕분에 유진이 만든 앱 안에는 확진자가 움직인 자취뿐만 아니라 현재 확진자 수, 바이러스 뉴스, 근처 진료소의 위치까지 다양한 정보를 담을 수 있었어.

유진이 만든 바이러스 지도는 사람들 사이에서 빠르게 퍼졌어. 바이러스 지도를 만든 사람이 다름 아닌 글로벌 스타, 유진이라는 사실은 이 앱을 더 유명하게 만들었어. 덕분에 더 많은 사람들은 확진자가 방문한 장소를 피할 수 있었지.

"앱을 정말 잘 쓰고 있습니다!"

"덕분에 바이러스 감염을 피할 수 있었어요!"

유진은 정말 뿌듯했어. 여러 사람들이 힘을 모아서 만든 앱이 많은 사람들에게 도움이 된다는 사실이 기뻤지. 많은 사람들이 힘을 모으면 팬데믹이라는 큰 위기를 이겨 낼 수 있다는 희망이 생겼어.

그러던 가운데 미국에서 믿을 수 없는 소식이 들려왔어. 길을 걷던 70대 동양인이 이유 없이 폭행을 당한 사건이 벌어진 거야.

"이게 다 너희 나라에서 퍼진 바이러스 때문에 생긴 일이야! 이 바이러스 전파자들! 너희 나라로 돌아가!"

폭력을 휘두른 미국인은 "너희 나라로 돌아가!"라고 외치며 동양인 여성을 마구잡이로 때렸다고 해. 단지 동양인이라는 이유로 말이야. 팬데믹 사태를 일으킨 바이러스가 동양에서 시작되었다면서 미국에 사는 동양인에게 화풀이를 한 거야.

이 소식을 듣고 유진은 무척 속상했어. 자신이 어릴 때 숱하게 겪은 일이 여전히 되풀이되고 있었던 거야. 게다가 미국 방송국들 가운데 이 소식을 제대로 전하는 곳이 없었어. 그러는 동안에 이유 없이 동양인을 괴롭히는 일들은 계속 벌어졌어. 미국에 사는 동양인은 집

밖으로 마음대로 외출조차 할 수 없게 됐어.

"나라도 나서야겠어!"

누구보다 인종 차별을 당하는 아픔을 잘 알고 있는 유진은 고민 끝에 SNS에 글을 올렸어. 혐오와 인종 차별을 멈춰 달라는 내용과 함께 'STOP_HATE(스탑_헤이트)'라는 해시태그를 달았어. '스탑_헤이트'란 혐오, 즉 누군가를 미워하는 걸 멈춰 달라는 뜻이야.

유진의 글이 올라오자 전 세계 팬들은 유진의 뜻에 동참하기 위해 SNS에 같은 해시태그를 달기 시작했어.

"아직도 부족해. 좀 더 많이 알릴 수 있는 방법이 없을까?"

유진은 많은 사람들이 사용하고 있는 바이러스 지도가 떠올랐어. 그래서 바이러스 지도에 인종 차별 금지를 위한 해시태그를 달기로 했어. 바이러스 정보를 알기 위해 접속한 사람들이 손쉽게 볼 수 있도록 말이야.

유진의 계획은 성공적이었어. 바이러스 지도에 'STOP_HATE'라는 해시태그를 달자 인종 차별에 관심이 없던 사람들도 관심을 보이기 시작한 거야. 이것을 본 미국 방송사에서 유진에게 인터뷰까지 요청해 왔지.

"우리는 인종 차별에 대한 뉴스를 다루려고 합니다. 이에 대해 인

터뷰를 해 줄 수 있나요?"

유진은 기다렸다는 듯 방송사의 제의를 수락했어.

"물론이죠! 지금 일어나는 일이 얼마나 끔찍한 일인지 더 많은 사람들에게 알려야 합니다!"

드디어 인터뷰를 하는 날이 되었어. 유진은 정갈하게 차려입고 카메라 앞에 앉았어. 전 세계 사람들이 생방송으로 자신의 모습을 보고 있다고 생각하니 두려운 마음도 들었어. 하지만 자신이 겪은 아픔이 더 이상 반복되지 않았으면 한다는 생각에 용기를 내었지.

마침내 인터뷰가 시작되었어.

"저는 케이팝 가수이자 바이러스 지도 앱을 만든 개발자, 유진입니다."

유진은 차분하게 자신의 이야기를 풀어냈어.

"저는 어릴 때부터 겉모습이 다르고 동양인이라는 이유만으로 인종 차별을 당했습니다. 그리고 이 문제는 지금도 계속해서 일어나고 있습니다. 팬데믹 사태의 원인이 동양인에게 있다는 잘못된 인식 때문에 말이죠. 이런 일이 되풀이되어서는 안 됩니다."

많은 사람들이 뉴스에 나온 유진의 목소리에 귀를 기울였어. 미국에서 동양인을 향한 혐오 범죄가 일어나고 있다는 걸 유진의 인터뷰를 보고 처음 안 사람도 많았지.

"지금 세계는 팬데믹으로 인해 함께 위기를 겪고 있습니다. 지금은 누군가를 미워할 때가 아니라 서로 힘을 합쳐 위기를 극복해야 할 때입니다!"

유진은 성공적으로 인터뷰를 마쳤어. 전 세계 방송사들이 이 뉴스를 앞다투어 보도하기 시작했어.

'케이팝 스타 유진, 동양인을 향한 혐오 범죄와 인종 차별을 멈추라고 외치다!'

전 세계 SNS에서는 인종 차별 금지를 외치는 해시태그 물결이 넘쳤어. 얼마 지나지 않아 놀라운 변화가 일어났어. 몇 달째 계속 이어지던 동양인 혐오 범죄가 잦아든 거야.

사람들은 유진이 해시태그를 통해 기적을 만들어 냈다고 입을 모아 칭찬했어. 그러나 유진은 진실을 알고 있었어.

"이 기적은 제가 만든 것이 아니라 우리 모두 함께 만든 거예요!"

팬데믹과 불평등

팬데믹이란 무엇일까?

2020년 3월 11일 세계보건기구(WHO)는 스위스 제네바에 있는 본부에서 중대 발표를 했어.

"신종 코로나 바이러스(코로나19) 감염증을 팬데믹으로 선언합니다!"

팬데믹이란 전염병이 전 세계적으로 퍼진 현상을 뜻하는 말이야. 그리어스어로 '팬'은 '모두'를, '데믹'은 '사람'을 뜻해. 감염병이 모든 사람에게 퍼졌다는 의미지. 우리말로는 '감염병 세계적 유행'이라고도 해.

WHO가 팬데믹을 선언한 것은 무려 11년 만이야. 팬데믹은 매우 신중한 과정을 거쳐서 결정돼. 너무 쉽게 팬데믹을 발표했다가는 많은 국가와 사람들이 큰 혼란에 빠질 수 있기 때문이야. 팬데믹은 전 세계가 위험에 빠졌다고 공식적으로 인정하는 일이야. 이런 상황에 어떤 사람들은 지나친 공포심을 느끼기도 해. 불안감 때문에 물건을 마구 사들여 생필품이 동이 나는 일도 벌어지지. 반대로 아예 돈을 쓰지 않아 경제에 심한 타격을 입히기도 해. 심지어 어차피 세상이 망할 거라는 생각에 바이러스를 이겨 낼 노력조차 하지 않고 포기해 버리는 사람도 나올 수 있어. 그럼에도 불구하고 WHO는 왜 팬데믹을 선언한 것일까?

그건 바로 전 세계에 코로나19가 매우 심각한 상황임을 알리기 위해서야. 2019년 처음 퍼지기 시작한 이후로 코로나19 바이러스는 단

전염병 경보 6단계

1단계	동물 사이에 한정된 감염
2단계	동물에서 사람으로 전염되는 단계
3단계	사람들 사이에 전염이 늘어난 상태
4단계	사람 사이에 전염이 빠르게 늘어나 세계적인 유행병이 될 수 있는 초기 상태
5단계	전염병이 두 나라에서 유행하는 상태
6단계	전 세계적으로 유행하는 상태

3개월 만에 100여 개국이 넘는 나라에서 환자가 11만 2천 명 생겼고, 사망자도 4,500명을 넘어섰지.

이처럼 상황이 심각한데도 나라마다 대처가 달랐어. 바이러스 전파를 막기 위해 처음부터 발 빠르게 움직인 나라가 있는가 하면 전혀 심각하게 받아들이지 않는 나라도 있었지. 그래서 WHO는 팬데믹을 선언해서 각 나라가 적극적으로 대처하라는 메시지를 던진 거야.

"삐용삐용! 지금은 전 세계적으로 위급한 상황입니다! 모두 빠르게 대처하세요!"

WHO는 전염병에 대응하기 위해 경보 과정을 6단계로 정했어. 이 중 팬데믹은 최고 위험 등급인 6단계에 해당돼.

1948년 WHO가 세워진 이래, 팬데믹을 선언한 경우

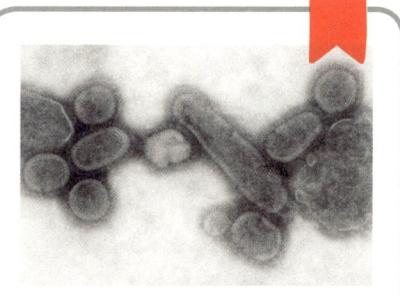
전자 현미경(TEM)으로 관찰한 스페인 독감 바이러스의 사진

는 지금까지 딱 세 차례야. 1968년 홍콩 독감과 2009년 신종 플루, 그리고 2020년 코로나19지. 하지만 그 이전에도 팬데믹이라고 부를 만한 세계적인 전염병 유행이 있었어.

최초의 팬데믹을 부른 전염병은 1918년에 처음 발생한 스페인 독감이야. 제1차 세계대전을 치르던 1918년 초여름, 프랑스에 머물던 미국 군인들의 숙소에서 독감 환자가 나타났어. 하지만 그때는 그다지 심각하게 생각하지 않았지.

"독감 정도야 얼마 지나지 않아 금방 사라질 거야."

그런데 독감에 걸린 군인들은 점점 늘어만 났고, 독감에 걸려 사망한 사람까지 나왔어. 사람들은 뒤늦게 사태의 심각성을 깨달았지.

"아무래도 평범한 독감이 아닌 것 같습니다!"

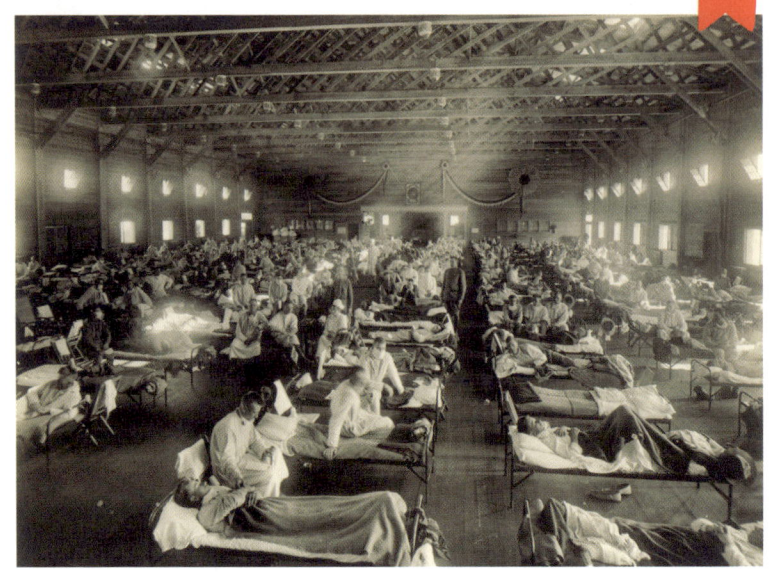

미국 캔자스주 하스켈 카운티의 캠프 펀스턴 군 병원에서 스페인 독감을 앓고 있는 군인들의 모습

하지만 이미 독감은 군인들 사이에 빠르게 번진 상태였어. 게다가 전쟁에 참전했다가 집에 돌아간 군인들과 만난 가족과 동네 사람들도 독감에 걸리고 말았지. 그렇게 미국에도 독감 바이러스가 전파됐어.

그 후, 스페인 독감은 무려 2년 동안 전 세계에서 유행하게 돼. 스페인 독감으로 5000만 명이나 목숨을 잃고 말았지. 이 수치는 제1차 세계대전에서 사망한 사람보다 세 배나 많아. 스페인 독감은 전쟁보다 더 많은 인명 피해를 낸 역사상 최악의 감염병으로 기록되었지.

스페인 독감은 이름 때문에 스페인에서 시작된 질병이라고 생각하기 쉽지만 이것은 사실이 아니야. 그렇다면 왜 스페인 독감이라는 이름이 붙은 걸까? 독감이 처음 시작된 것은 미국 군인들 사이에서였어. 그런데 미국은 이런 사실을 밝히기 싫어했지.

"전염병이 유행하고 있다는 사실이 알려지면 군인들의 사기가 떨어질 겁니다! 그럼 전쟁에서도 이기지 못할 겁니다!"

미국을 비롯해 전쟁에 참여하던 여러 나라들은 이 소식을 감추기 바빴어. 하지만 참전국이 아니었던 스페인은 그럴 필요가 없었어.

스페인은 언론으로 이 질병에 대한 소식을 알렸어. 사람들은 스페인 언론을 보고 전염병이 유행하고 있다는 사실을 처음 알게 되었어. 이 때문에 스페인 독감이라는 이름이 붙여진 거야.

스페인 독감 이후에도 팬데믹은 계속됐어. 1957년에는 아시아 독감이, 1968년에는 홍콩 독감이 세계적으로 유행해 수많은 사망자가 생겼지. 의학계가 분석한 바에 따르면 최근 팬데믹은 일정한 주기로 유행하고 있대. 10~40년 주기로 전 세계에서 반복되고 있다는 거야.

팬데믹으로 변화된 모두의 일상

팬데믹이 선언되면서 우리의 일상은 전과 크게 달라졌어. 사람과 만나면 바이러스에 쉽게 감염되기 때문에 서로 만나지 않고 생활하는 방식으로 바뀌었지. 어디서든 마스크를 써야 하고 학교와 직장에도 갈 수 없게 되었어. 다른 나라로 여행을 가는 것도, 공연장에서 공연을 보는 것도 할 수 없게 됐지.

팬데믹이 만든 색다른 풍경도 많아. 자유롭게 외출할 수 없다 보니 사람들은 집에서 주로 생활하게 되었어. 그러면서 '집콕 문화'가 유행하기 시작했어. 집콕 문화란 '집'에만 '콕' 박혀서 온갖 다양한 활동을 하는 것을 말해. 특히 한국에서 시작된 '달고나 커피 만들기'는 전 세계에 인기몰이를 했어. 달고나 커피는 커피, 물, 설탕을 섞은 액

달고나 커피

체를 4000번 저어 크림으로 만든 뒤, 우유 위에 얹어 먹는 거야. 끈적끈적한 크림의 색과 맛이 꼭 달고나처럼 생겨서 '달고나 커피'라는 이름이 붙었지.

또한 진짜 여행을 가는 게 아니라 여행을 가는 척만 하는 가짜 여행 서비스도 등장했어. 일명 '가상 출국 여행'이야. 팬데믹이 된 이후로 사람들은 여행을 못 가게 되었어. 팬데믹이 선언되면서 여러 나라들은 해외여행을 제한했거든. 다른 나라에서 바이러스에 감염되어 오는 것을 막기 위해서야. 여행을 좋아하던 사람들은 팬데믹이 풀리기만을 기다려야 했지. 이런 사람들을 위해 '가상 출국 여행' 서비스가 나오게 된 거야.

이 여행은 공항에서 비행기를 타고 한 시간 정도 하늘 위를 비행한 뒤 제자리로 돌아오는 거야. 여행 가는 척 기분만 내는 거지. 진짜로 여행을 가는 것도 아닌데 이 서비스는 매우 인기가 많아. 단 몇 분만에 티켓이 모두 매진될 정도지. 여행을 가는 기분이라도 내고 싶었던 사람들이 그만큼 많았던 거야. 이 서비스는 팬데믹으로 큰 타격을 입은 항공 업계와 여행 업계가 일을 하고 돈을 벌 수 있는 기회가 되었어.

사람들은 팬데믹으로 달라진 일상에 적응해 나가는 듯했어. 그러

나 사람들의 예상보다 팬데믹은 훨씬 더 길어졌어. 그러자 다양한 곳에서 문제가 일어나기 시작했어.

바이러스가 가져온 오해와 편견

예상보다 길어진 팬데믹은 많은 문제를 낳았어. 사람들이 바깥 활동을 하지 않자 장사를 하는 사람이나 제품을 만들어 파는 회사들이 돈을 못 벌었어. 그 결과, 많은 사람들이 일자리를 잃었어.

집안에 머무르는 시간이 길어지자 가족들 사이에 다툼도 커졌지. 게다가 변이 바이러스까지 나타나 앞으로 더욱 나아질 거란 기대가 자꾸만 꺾이고 있어. 그러자 사람들의 마음에는 점차 불안감이 커졌어. 이 불안한 마음을 교묘하게 파고든 것이 있었어. 바로 잘못된 정보를 진짜인 것처럼 포장한 '가짜 뉴스'야.

"통마늘을 섭취하면 코로나를 막을 수 있대!"

"참기름을 콧속에 바르면 바이러스가 미끄러져서 코로나에 안 걸린대!"

"코로나가 통신망을 타고 번진다는데?"

　이와 같은 잘못된 정보가 전염병처럼 퍼지는 것을 '인포데믹'이라고 해. 인포데믹은 '정보'를 뜻하는 '인포메이션(information)'과 '유행병'을 뜻하는 '에피데믹(epidemic)'이 합쳐진 말이야. 잘못된 정보가 전염병처럼 급속히 퍼져 혼란을 일으키는 현상을 뜻하지. 팬데믹과도 같은 긴급 상황에서 가짜 뉴스가 퍼져 나가면 사람들은 엉뚱한 정보를 믿고 방역 당국이 안내한 지침대로 하지 않을 위험이 커져. 그로 인해 사회도 더 큰 혼란에 빠지게 되지.

이와 같은 인포데믹 때문에 인종 차별 역시 심각해지고 있어. 인종 차별이란 인종에 따라 사람들을 불평등하게 대하는 것을 말해. 코로나19가 빠르게 번지자 전 세계에서는 아시아인을 상대로 한 인종 차별 범죄가 폭발적으로 늘어났어.

영국에서는 싱가포르 유학생이 길을 걷던 와중에 이유 없이 폭행을 당했어. 프랑스에서는 일본 식당에 페인트 물감으로 '코로나 바이러스'라고 낙서를 한 사건이 일어났어. 미국에서는 지하철에 앉아 있던 아시아인에게 욕을 하고 침을 뱉는 일도

있었지. 뉴욕 경찰청에 따르면 코로나19 이후 미국의 아시아인 증오 범죄가 전년에 비해 다섯 배나 늘었다고 해. 현재 해외에 있는 아시아인들은 팬데믹보다 혐오와 폭력으로 더 큰 고통을 받고 있어. 언제 어디서 공격받을지 모른다는 두려움에 외출조차 못 하는 사람들도 많다고 해.

그렇다면 대체 왜 아시아인들만 공격을 받는 걸까? 폭력을 저지르는 사람들은 코로나 바이러스가 중국에서 시작되었다며 아시아인들

이 바이러스를 옮겼다고 주장해. 하지만 이것은 명백하게 잘못된 생각이야. 바이러스는 인종이나 사람을 가리지 않기 때문이야. 누구나 다 바이러스를 옮길 수도 있고, 옮을 수도 있어. 또한 그 어떤 이유를 불문하고 누군가를 폭행하고 괴롭히는 것은 범죄 행위야. 혐오 범죄는 그 어떤 이유로도 정당하게 여겨질 수 없어.

현재 세계는 '코로나19'와 '인포데믹'이라는 두 가지 전염병과 싸우고 있어. 전문가들은 목숨을 빼앗는 코로나19 바이러스만큼이나 잘못된 정보가 사람들에게 막대한 피해를 입힐 수 있다고 경고해.

"잘못된 정보가 퍼지는 속도는 바이러스보다 빠릅니다. SNS나 인터넷을 통해 지구 반대편까지 도착하는 데 단 몇 초도 걸리지 않습니다. 그렇기 때문에 그 피해가 더 클 수 있습니다."

전문가들의 말처럼 실제로 가짜 뉴스를 믿었다가 피해를 입은 사람들이 아주 많아. 잘못된 정보는 팬데믹이라는 전 세계적인 위기를 극복하는 데 걸림돌이 될 뿐이야. 그렇기 때문에 SNS나 인터넷에 돌아다니는 가짜 뉴스에 휘둘리지 않도록 주의해야 해.

바이러스와 불평등

팬데믹 상황에 우리나라가 전 세계적으로 주목받았어. 바로 한국의 방역 시스템인 'K-방역' 덕분이야. 전 세계가 팬데믹으로 혼란에 빠진 시기에도 한국은 모범적으로 바이러스 상황을 대응한 국가로 꼽혀. 그렇다면 우리나라는 팬데믹에 어떻게 대응했을까?

우리나라는 코로나19가 발생한 초기부터 하루에 무려 1만 5000건 이상 검사를 했어. 검사 결과에 따라, 확진된 환자들을 격리해서 치료하고, 환자가 머물렀던 장소를 국민들에게 빨리 알려 전염되지 않도록 조치했지. 또한 자동차에 탄 채로 검사를 받는 '드라이브 스루

검사'를 개발해 복잡한 검사를 단 10분 만에 받을 수 있게 했어. 미국, 이탈리아, 영국, 캐나다 등 여러 나라가 한국을 방역 모범 대상으로 삼으며, 우리나라의 방역 체계를 본받고 있어.

하지만 지구촌에는 이런 의료 혜택을 받지 못하는 나라가 훨씬 더 많아. 우리나라는 아프면 쉽게 병원에 가서 치료를 받을 수 있어. 하지만 가난한 나라들에는 병원이 많이 없어. 병원에 한 번 가려면 며칠씩 차를 타고 가야 하지. 어렵게 병원에 도착했어도 시설이 열악해서 제대로 된 검사나 치료를 할 수 있는 장비가 없는 경우도 많아. 바이러스에 어떻게 대처해야 하는지를 알려 주는 정보도 매우 부족해.

팬데믹과 같은 세계적인 재난 상황에서는 국가 간 의료 불평등이 더욱 심해져. 의료 체계와 시설이 잘 마련된 나라는 바이러스 위기를 빨리 극복할 수 있어. 하지만, 그렇지 않은 나라는 시설이 부족하고 체계가 잡혀 있지 않아서 제때에 대응하지 못해 피해가 더욱 커지는 거야. 세계의 여러 나라들은 이러한 의료 불평등을 해소하기 위해 힘을 합치고 있어. 왜 여러 나라들이 이런 불평등을 없애기 위해 노력하는 걸까?

왜 불평등을 없애야 할까?

    2021년 6월, 인도는 코로나19의 신규 확진자가 30만 명을 넘어서는 최악의 상황을 맞이했어. 병원 주변에는 병원 안으로 들어가지 못한 환자들이 수없이 많았어. 코로나19로 숨을 거둔 시신을 태울 화장터조차 부족해 주차장이나 공터가 임시 화장터로 변했지. 무엇보다 의료용 산소가 부족해 환자들이 큰 위기에 처했어. 위기에 빠진 인도를 위해 전 세계 곳곳에서는 도움의 손길을 내밀었어.

    우리나라는 서둘러 산소 발생기와 한국산 코로나19 진단 키트를 보냈어. 미국 역시 마스크를 비롯한 구호물자와 백신 2000만 병을 만들 수 있는 물품을 보냈어. 그 외에 영국, 독일, 사우디아라비아, 싱가포르 등의 나라가 인도를 돕기 위해 발 벗고 나섰지. 왜 자기 나라의 일도 아닌데 세계 각국은 인도의 위기에 이토록 발 벗고 나선 걸까?

    바이러스 때문에 일어난 재난 상황은 자기 나라의 위기만 해결한다고 해서 끝나는 것이 아니기 때문이야. 서로 돕지 않으면 언제 또 다시 바이러스가 퍼질지 모르거든. 전문가들은 바이러스가 종식되기 위해서는 하루빨리 전 세계가 '집단 면역 체계'를 만들어야 한다고 주장해.

'집단 면역'이란 집단의 대부분이 감염병에 대한 면역력을 갖췄을 때 감염병이 느려지거나 멈추게 되는 것을 말해. 세계 인구의 70% 이상이 백신을 맞으면 집단 면역이 만들어져 코로나19가 주춤할 것이라고 해. 그런데 문제는 가난한 나라들이 돈이 없어서 백신을 구하지 못하고 있다는 거야. 전 세계에 코로나19 백신이 100병 공급됐다고 가정했을 때, 아프리카 대륙 전체에는 단 2병만 공급되고 있거든.

현재 세계는 백신이 여러 나라에 고루 전해지지 않는 현상 즉 '백신 불평등'을 없애기 위해 고민하고 있어. 백신이 전 세계에 공평하게 전해져야 코로나19 바이러스가 하루빨리 종식될 것이기 때문이지. 2021년 6월, 영국에서 열린 G7 정상회의에서 소득이 낮은 가난한 국가들을 상대로 10억 회분의 백신을 공급하겠다는 약속을 했어. 이 역시 백신 불평등을 없애기 위한 결정이야.

소원을 들어준 이빨 요정

이번 교시는 지율이가 가장 좋아하는 미술 시간이야.

"자, 오늘 주제는 '그리운 사람'이에요. 그럼 각자 그리운 사람에 대해 그려 볼까요?"

선생님의 말에 친구들은 저마다 누구를 그릴지 고민하기 시작했어.

"땅끝 마을에 사는 사촌 동생을 그릴까?"

"전학 간 친구를 그릴까?"

고민에 빠진 친구들과 달리, 지율이는 망설임 없이 연필을 들고 밑그림을 그리기 시작했어. 바로 제일 그리운 사람이 떠올랐거든.

지율이는 하얀 스케치북 위에 밑그림을 그리고 나서 색연필로 정성스레 색칠했어.

"다 그렸다!"

제일 먼저 그리기 시작한 덕분일까? 지율이는 그림도 가장 먼저 완성했어.

선생님이 아이들의 그림이 다 완성된 것을 보고 말씀하셨어.

"자, 그럼 이제 그림에 대해 설명해 볼까요? 아까 지율이가 맨 처음에 완성한 것 같은데. 먼저 발표해 볼까?"

지율이가 스케치북을 들고 일어서자 친구들은 호기심 가득한 눈빛으로 지율이의 그림을 쳐다봤어.

"엥? 머리끝부터 발끝까지 하얀색 옷을 입고 있네?"

"선생님, 지율이가 그리워하는 사람이 우주 비행사인가 봐요!"

친구들 말대로 지율이의 그림 속에는 머리끝부터 발끝까지 하얀색 옷을 입은 사람이 그려져 있었어. 그림 속 사람은 땀을 뻘뻘 흘리면서도 밝게 웃고 있었지.

지율이는 그림에 대해 설명하기 시작했어. 마스크를 쓴 탓에 입이 보이지 않았기 때문에 친구들에게 말소리가 잘 들리도록 또박또박 말했지.

"제가 그리워하는 사람은 언제나 오후 5시에만 만날 수 있는 사람입니다!"

지율이의 말을 듣고 친구들의 호기심은 더욱 샘솟았어.

"오후 5시에만 만날 수 있다고?"

"대체 누군데! 너무 궁금해!"

친구들이 물어보자 지율이는 싱긋 웃기만 할 뿐이었지. 지율이가 오후 5시에만 만날 수 있다고 말한 사람은 과연 누구일까?

집에 돌아온 지율이는 5시가 가까워 오자 동생 지호와 함께 나갈 준비를 했어.

"지호야! 곧 5시야! 어서 준비해!"

지율이가 외치자 지호가 후다닥 방에서 나왔어. 매일 오후 5시가 되면 지율이와 지호는 손을 꼭 붙잡고 밖으로 나와. 지율이가 그림에

그랬던 바로 그 사람을 만나러 가기 위해서야.

지율이와 지호는 한 공공 병원이 멀리 보이는 길가에 다다랐어.

"누나! 오늘은 볼 수 있을까?"

"글쎄. 기다려 봐야지."

이때 공공 병원의 입구 쪽에서 누군가 나타났어. 머리끝부터 발끝까지 하얀 옷을 뒤집어쓴 채 말이야. 지율이와 지호는 동시에 크게

소리쳤지.

"엄마!"

지율이와 지호가 만나러 온 사람은 바로 엄마였어. 벌써 몇 달째 매일 오후 5시가 되면 엄마를 보기 위해 이곳으로 왔지.

"지율아! 지호야!"

엄마는 병원 입구에서 지율이와 지호를 향해 손을 흔들었어. 지율이와 지호도 화답하듯이 손을 크게 흔들었지. 지율이는 당장이라도 엄마에게 달려가서 품에 안기고 싶었어. 하지만 제자리에 서서 그런 마음을 억눌렀지.

이때 지호가 지율이의 손을 휙! 뿌리치고 달려갔어.

"나 엄마를 가까이에서 볼래!"

그러자 달려오는 지호를 향해 엄마가 크게 소리쳤지.

"지호야, 안 돼!"

엄마의 단호한 목소리에 지호는 제자리에 우뚝 멈춰 섰어.

"엄마한테 가까이 오면 위험하다고 설명해 줬잖니. 우리 지호, 잘 알고 있지?"

재빨리 달려온 지율이가 지호의 손을 잡자 엄마는 그제야 안심한 얼굴로 미소를 지었어. 지율이와 지호는 대체 왜 엄마에게 가까이 갈 수 없는 걸까?

그건 바로 엄마가 병원에서 바이러스 환자들을 돌보고 있기 때문이야. 엄마는 바이러스에 감염된 중증 환자들을 치료하는 간호사야. 환자들을 치료하는 과정에서 바이러스에 감염될 수도 있기 때문에 무더운 날씨에도 방호복을 입고 있었지.

머리끝부터 발끝까지 하얀 방호복을 뒤집어쓴 엄마의 모습은 마치 우주 비행사처럼 보였어. 방호복으로 온몸을 감싸서 보호하기는 했지만 워낙 바이러스가 많은 환경에서 일하다 보니 언제 어디서 감염될지 알 수 없었어. 그래서 엄마는 지율이와 지호에게 바이러스가 옮을까 봐 가까이 다가갈 수도, 집에 돌아갈 수도 없었던 거야.

그래도 운이 좋았어. 매일매일 밀려드는 환자 때문에 엄마를 못 보고 돌아가는 날도 많았는데 오늘은 엄마를 봤으니 말이야. 지율이는 지호를 달래며 말했어.

"그래도 오늘은 엄마가 나오셨잖아. 잠깐 쉴 틈이 있으셨나 봐! 다행이야."

지율이가 달래 줘도 소용이 없는지 지호는 여전히 울먹거렸어. 그때 엄마가 허공에서 안아 주는 행동을 했어. 지율이와 지호를 꼬옥 안아 주고 싶다는 신호야.

"지호야, 저기 봐! 엄마가 너를 꼬옥 안아 주고 싶다는데?"

지호는 눈물을 뚝 그치고 엄마를 따라 허공에 안아 주는 행동을 했어. 지율이 역시 팔을 크게 벌려 공기를 가득 끌어안았지. 때마침 부드럽게 바람이 불어왔어. 얼굴과 손끝을 살랑대는 바람이 마치 엄마의 숨결처럼 부드러웠어.

두 남매는 손을 나란히 잡고 집으로 돌아왔어. 욕실에서 손을 씻던 지율이는 거울로 지호가 혓바닥으로 앞니를 슬슬 미는 걸 보았어. 그랬더니 지호의 앞니가 확확 흔들리는 거야. 지율이는 눈이 휘둥그레져서 냉큼 할머니에게 가서 말했어.

"할머니, 지호 앞니가 흔들리는데요?"

지호의 앞니를 손으로 살짝 흔들어 본 할머니가 말했어.

"앞니가 빠지려는 모양이구나. 지율아, 저기 반짇고리에서 무명실을 하나 가져와 보렴."

지율이는 할머니의 반짇고리를 뒤져 새하얀 무명실을 꺼내 왔어. 할머니는 지율이가 가져온 무명실을 지호의 앞니에 꽁꽁 묶더니 힘껏 잡아당겼어. 지호가 잔뜩 겁을 먹고 으악! 소리쳤고, 지율이는 지호의 손을 꼭 잡고 눈을 질끈 감았지.

"시원하게 빠졌구나."

할머니의 목소리에 지율이와 지호는 슬금슬금 눈을 떴어. 할머니가 들고 있는 실에는 지호의 앞니가 대롱대롱 매달려 있었지.

"우아!"

처음 빠진 이가 신기한지 지호는 무명실에 매달린 앞니를 요리조리 살펴봤어. 지호의 귀여운 앞니를 살펴보던 지율이는 무언가 퍼뜩 떠올랐어.

"지호야, 이빨 요정한테 소원을 빌어야지!"

"이빨 요정? 그게 뭔데?"

지율이는 엄마에게 들었던 이빨 요정 이야기를 해 줬어.

"어린이들의 이빨 속에는 깊은 잠을 자는 이빨 요정이 살고 있대. 그런데 이빨을 뺄 때 우지끈! 하고 이빨이 빠지는 소리가 들리잖아. 그러면 이빨 요정이 그 소리에 깜짝 놀라 잠시 잠에서 깨어난다는 거야. 바로 그때 이빨을 하늘 높이 던지며 소원을 빌면 이빨 요정이 소원을 이루어 준대."

지율이의 말을 들은 지호는 빨리 소원을 빌고 싶어 발을 동동 굴렀어. 하지만 무슨 소원을 빌어야 할지 좀처럼 생각나지 않았어.

"누나! 뭐라고 소원을 빌지? 뭐가 좋을까?"

한참 동안이나 고민하던 지호가 불쑥 외쳤어.

"아, 엄마가 빨리 집에 오게 해 달라고 할까?"

지호는 자신의 말이 그럴 듯해 보였는지 얼른 소원을 빌려고 했어. 그러자 지율이가 냉큼 지호를 말렸어.

"잠깐! 엄마가 집에 올 때 즐겁게 오셔야지."

지율이는 예전에 엄마가 집에서도 환자들을 걱정하던 모습이 떠올랐어. 엄마가 집에 빨리 오는 것도 좋지만, 이왕이면 엄마가 걱정 없이 즐거운 마음으로 돌아오셨으면 좋겠다는 생각이 들었지. 잠시 생각에 잠겨 있던 지율이는 눈을 번쩍 떴어.

"백신이 빨리 만들어지게 해 달라고 빌면 어떨까?"

"백신? 그게 뭐야?"

고개를 갸웃거리는 지호에게 지율이는 백신에 대해 설명했어. 전에 엄마가 알려 준 것을 기억하고 있었거든.

"겨울마다 독감에 걸리지 않기 위해서 맞은 주사 기억하지? 그 주사처럼 바이러스가 일으키는 병을 예방하기 위해 맞는 것을 백신이라고 해. 백신이 만들어지면 더 이상 아픈 사람들도 많이 생기지 않을 거고, 엄마도 홀가분하게 집에 돌아올 수 있을 거야! 이 소원을 빌면 더 많은 사람들이 행복해지지 않을까?"

지호는 좋은 생각이라며 활짝 웃었어. 그리고 하늘 높이 이빨을 던

지며 소원을 빌었지.

"이빨 요정님! 어서 백신이 만들어지게 해 주세요!"

그날 밤, 침대에 누워 잠을 자려던 지율이에게 지호가 속삭였어.

"누나, 이빨 요정이 진짜로 내 소원을 들어줄까?"

지율이는 빙그레 웃으며 대답했지.

"글쎄. 그건 기다려 보면 알겠지."

그런데 다음 날, 믿을 수 없는 일이 벌어졌어. TV에서 백신이 개발되었다는 뉴스가 흘러나온 거야.

"질병 관리 본부는 곧 백신 접종을 시작하겠다고 발표했습니다."

뉴스를 본 지율이는 깜짝 놀랐어. 지호는 제자리에 깡충깡충 뛰며 크게 소리쳤지.

"이빨 요정이 진짜 내 소원을 들어줬나 봐! 이빨 요정님, 감사합니다!"

얼마 지나지 않아 백신을 접종하기 시작했어. 할머니와 지율이, 지호도 병원에 가서 백신 주사를 맞았어. 평소에 주사라면 기겁하던 지호도 어쩐 일인지 이번에는 울지 않고 씩씩하게 잘 맞았지.

"백신을 맞아야 전염병도 없어지고 엄마도 돌아오지!"

백신을 맞고 돌아온 지율이와 지호는 집에서 충분히 쉬었어. 백신을 맞으면 백신을 맞은 부위가 아프거나 몸살 증상이 생길 수도 있대. 증상이 너무 심해지면 바로 병원에 가야 한다는데 다행히 지율이와 지호는 큰 이상이 없었어.

얼마 뒤, 지율이와 지호는 정말 반가운 소식을 들었어. 엄마가 곧 집으로 돌아올 거라는 소식이었어. 지율이와 지호는 달력 속, 엄마가 돌아오는 날에 커다란 동그라미를 그려 두고 매일매일 손꼽아 기다렸어.

마침내 엄마가 돌아오는 날이 되었어. 지율이와 지호는 두근거리는 마음으로 엄마를 기다렸어. 몇 달 동안 오후 5시에만 만날 수 있었던 엄마를 5시가 아닐 때 만난다는 사실이 이상하게 느껴졌지.

"나는 엄마를 만나면 꽉 끌어안아 줄 거야!"

"난 엄마 냄새를 실컷 맡을 거야!"

지율이와 지호는 경쟁하듯이 엄마를 만나면 하고 싶은 일을 늘어놓았어. 바로 그때, 현관 문이 열리고 엄마가 들어왔어.

엄마는 지율이와 지호를 향해 두 팔을 활짝 벌렸어.

"지율아! 지호야!"

"엄마!"

지율이와 지호는 힘껏 달려가 엄마를 와락 끌어안았어. 그동안 그리웠던 엄마 냄새도 실컷 맡았어.

"엄마, 너무 보고 싶었어요."

"엄마가 진짜 진짜 그리웠어요."

엄마 역시 그런 지율이와 지호의 몸을 더욱 세게 끌어안았어. 어느새 세 사람의 눈시울은 붉어졌어.

얼마 뒤, 지율이네 가족은 거실에 모여 두근대는 마음으로 뉴스를 함께 지켜봤어.

뉴스에 나온 앵커가 감격에 찬 목소리로 말했어.

"팬데믹이 공식적으로 종식되었음을 알립니다!"

오랫동안 기다려 온 소식에 지율이와 지호는 만세를 부르며 환호성을 질렀지.

"와아아아!"

이때, 지율이가 환호를 지르는 지호의 입 안에서 하얗게 돋아나는 무언가를 발견했어.

"어라? 지호야, 너 앞니가 새로 나왔어!"

"어? 진짜네?!"

정말로 지호의 빠진 앞니 자리에는 좁쌀만 한 이가 올라오고 있었어. 지율이는 스케치북을 펼치고 새 이가 난 지호의 모습을 그렸어. 그 옆에 할머니와 지율이, 엄마, 아빠도 나란히 그렸지. 지율이의 그

림 속 엄마는 이제 더 이상 방호복을 입고 있지 않았어.

    지율이는 이 모든 것이 이빨 요정이 소원을 들어준 덕분 같았어. 그래서 조용히 이빨 요정을 향해 속삭였어.

    "우리의 소원을 들어줘서 정말 고마워요. 이빨 요정!"

바이러스와 미래 기술

바이러스를 몸에 일부러 넣는다고?

　기나긴 팬데믹 상황 속에서 사람들은 백신이 만들어지길 손꼽아 기다렸어.

　"백신이 만들어지면 팬데믹이 끝날 거야!"

　긴 기다림 끝에 2020년 12월, 마침내 세계 최초로 영국에서 코로나19 예방 백신 접종이 시작됐어. 첫 백신의 주인공은 바로 아흔 살인 마거릿 키넌 할머니였지. 키넌 할머니는 백신을 맞은 뒤에 이렇게 소감을 밝혔어.

　"백신 접종은 내가 바라던 최고의 생일 선물입니다."

　키넌 할머니에 이어 사람들은 순서에 따라 백신을 맞기 시작했어.

영국은 물론 미국, 캐나다, 유럽연합 등도 백신을 승인하고 접종을 시작했지.

우리나라도 2021년 2월부터 백신을 접종하기 시작했어. 오랫동안 기다렸던 백신 접종이 시작되자 사람들은 더 이상 코로나19로 인해 위급해지거나 목숨을 잃는 일이 없어질 거라는 희망을 품었지. 백신이 대체 무엇이기에 사람들은 이토록 백신을 기다린 걸까?

백신은 바이러스를 예방하는 주사야. 백신이 어떻게 바이러스를 예방하냐고? 우리 몸에 있는 면역 체계는 기억력이 아주 좋아. 한 번 맞서 싸운 바이러스는 잊지 않고 기억해 두었다가 다음에 다시 만났을 때 잘 싸울 수 있도록 항체를 만들어 두지. 그래서 미리 '연습용

바이러스'를 몸에 넣어 놓으면 나중에 진짜 바이러스가 들어왔을 때, 미리 만들어 둔 항체를 써서 대응할 수 있어. 이렇게 연습용으로 우리 몸에 미리 넣어 두는 바이러스를 '백신'이라고 해.

백신이 발명되면서 인류의 역사는 크게 바뀌었어. 천연두, 광견병, 황열, 홍역 등 많은 사람들의 생명을 앗아간 바이러스를 인류가 정복할 수 있게 되었거든. 과거에는 치료할 수 없었지만 백신을 통해 역사 속으로 사라진 병도 많지. 그렇다면 백신은 언제 처음 발명되었을까?

백신은 어떻게 시작되었을까?

바이러스의 존재에 대해 알지 못했던 옛날에는 사람들이 왜 병이 생기는지 잘 알지 못했어. 그래서 병이 생기는 원인을 잘못 생각하는 일이 많았지. 동물들이 병을 옮긴다고 생각해서 동물을 죽이기도 하고, 신이 내린 노여움을 풀어야 한다며 자신의 몸을 채찍질하고 하늘에 기도를 올리기도 했어.

병이 왜 생기는지에 대해 잘 모르기는 의사들도 마찬가지였어. 이 때문에 이상한 의술도 많이 펼쳤지. 그중 가장 흔하게 했던 치료법이 환자의 몸에서 피를 뽑는 거였지. 이것을 바로 '사혈 치료'라고 해. 당시에는 몸 안에 뜨거운 피가 너무 많으면 병에 걸린다고 생각했거든. 하지만 이렇게 피를 뽑는 행동은 병을 낫게 하

1860년도 당시 사혈 치료를 하는 모습

기는커녕 환자들을 더 빨리 죽게 만들었지.

영국 의사였던 에드워드 제너는 사람들을 괴롭히는 전염병의 원인이 뭔지 알고 싶었어. 특히 천연두로 너무 많은 사람들이 죽는 것을 안타까워했지. 18세기까지만 해도 천연두로 인해 매년 40만 명이 사망했어. 그런데 그 어떤 예방법이나 치료법이 없었거든.

그런데 어느 날, 제너는 소의 젖을 짜는 사람들만 유독 천연두에

에드워드 제너

잘 걸리지 않는다는 사실을 알아냈어.

"저희들은 '우두'에 약하게 걸린 적이 있지만 한 번도 천연두에 걸린 적은 없답니다."

우두는 소가 걸리는 천연두야. 인간들만 걸리는 천연두보다는 증상이 훨씬 약하지. 제너는 여러 사람을 연구한 결과, 우두를 앓고 나면 천연두에 걸리지 않는다는 사실을 깨달았어.

"그렇다면 우두 바이러스를 이용해서 천연두를 예방할 수 있지 않을까?"

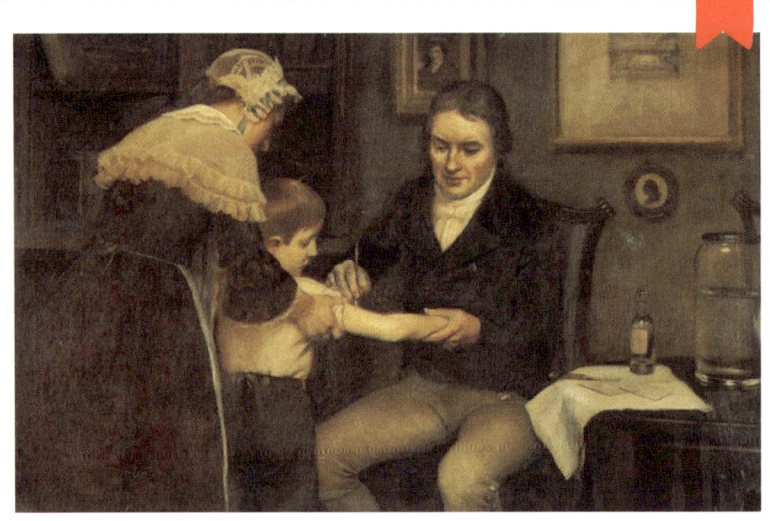

우두법으로 만든 백신(종두)을 놓는 제너의 모습

제너가 한 예상은 정확했어. 제너가 소에게서 우두 바이러스를 뽑아 사람들의 몸에 넣자 사람들이 더 이상 천연두에 걸리지 않았거든. 이처럼 우두 바이러스를 사람에게 접종해서 천연두를 예방하는 방법을 '종두법'이라고 해. 종두법은 세계 최초의 백신이었던 셈이지.

종두법이 유럽 전역에 널리 알려지자 수천 년 동안 사람들을 괴롭히던 천연두는 점차 사라졌어. 우리나라에는 1879년 한의학자 지석영이 종두법을 들여왔지. 현재 천연두는 백신에 의해 지구에서 사라진 전염병이 되었어.

제너가 한 연구는 100년 후 프랑스의 화학자인 루이 파스퇴르도 관심을 가졌어. 파스퇴르는 예방 접종이 천연두 외에도 많은 감염병을 막는 데 도움이 될 거라고 생각했어. 그래서 예방 접종으로 광견병을 비롯한 여러 동물들의 질병을 막을 수 있는 방법을 만들고, '백신'이라는 이름을 처음으로 붙였어. '백신(vaccine)'은 라틴어로 암소를 의미하는 '바카(vacaa)'에서 따 왔어. 이것은 100년

루이 파스퇴르

전에 제너가 소를 이용해 최초의 예방약을 만든 것을 존경한다는 의미로 붙인 거야.

세계는 지금 백신 기술 전쟁 중

코로나19 백신이 접종되기 시작하면서 사람들은 코로나19 바이러스에 대한 걱정을 한시름 덜게 될 거라고 생각했어. 하지만 현재 세계는 백신 기술을 두고 총성 없는 전쟁을 벌이는 중이야. 백신을 만들 수 있는 기술을 몇몇 제약 회사만 갖고 있기 때문이야.

"하루빨리 세계 인구 전체가 백신을 맞아야 합니다! 그러려면 많은 백신이 필요합니다. 그런데 소수의 제약 회사가 필요한 백신을 한꺼번에 만들기란 불가능합니다!"

전 세계를 바이러스 위기에서 구해 내기 위해 백신을 만드는 방법을 모두 공개해야 한다는 주장이 나왔지.

"기술을 공개해 전 세계 제약 회사들이 백신을 나누어 만든다면 코로나19가 더 빨리 종식될 겁니다!"

하지만 백신 기술을 공개하는 문제는 그리 간단하게 풀리지 않아. 왜냐고? 백신이나 약을 새로 만들기 위해서는 막대한 비용과 노력이 들어가. 그래서 세계무역기구(WTO)는 새로운 약을 만들었을 경우, 20년 동안은 그 약을 만든 회사만 기술을 보유하도록 약속했어. 백신을 만드는 비용과 노력을 기울인 대가를 보장해 주는 것이지. 이것을 '지식 재산권'이라고 해.

만약 WTO에 소속된 164개의 나라가 백신 기술을 공개하자고 모두 찬성하면 공개할 수 있기는 해. 하지만 그들 가운데 백신 기술을 가진 나라들은 공개하는 걸 반대하지. 백신을 만드는 법을 공개하면 오히려 사람들에게 위험한 일이 벌어질 수 있다는 거야.

"백신은 매우 섬세하고 복잡한 과정을 거쳐 만들어집니다. 백신 기

술을 알려 준다고 해도 안전하게 백신을 만들 능력이 있는 나라가 드뭅니다! 만약 잘못 만들어진 백신이 돌아다닌다면 더 큰 위험을 불러일으킬 수 있습니다."

이렇게 혼란스러운 상황에서 가장 고통 받는 것은 백신을 아직 구경조차 하지 못한 저소득 국가들이야. 2021년 6월, 세계 주요 7개 나라들이 모인 G7 정상회담에서 이에 대한 방안을 논의했어. 각국의 정상들은 백신 10억 회분을 저소득 국가에 기부하기로 약속했지.

하지만 이것은 턱없이 부족한 양이야. 집단 면역이 만들어지려면 전 세계 인구의 70%가 백신을 접종해야 되기 때문이야. 그러려면 백신이 110억 회분이 필요하거든. 기부하기로 한 10억 회분은 지금 당장 필요한 양에 한참 못 미치는 거지.

이런 가운데 빠르게 백신을 접종하는 부자 나라들은 백신을 접종한 사람들에게 각종 혜택을 주어 논란이 되고 있어.

"백신을 맞았을 경우, 마스크를 쓰지 않아도 됩니다!"

"백신을 접종한 사실을 증명할 수 있는 백신 여권을 만들어 해외여행을 가능하게 해 드립니다!"

하지만 이런 혜택에 대해서 전문가들은 우려를 나타냈어.

"바이러스와의 전쟁은 끝나지 않았습니다. 백신을 접종하는 행운을 누리는 부유한 국가들만 이 상황이 끝난 것처럼 느껴지는 것뿐입니다."

전문가들은 백신이 불공평하게 분배되면 코로나19 상황이 더 길어지게 될 거라고 경고했어. 그리고 그 경고는 맞아떨어졌지. 백신을 접종하지 못한 나라들에서 다양한 변이 바이러스가 생겨나 기존 백신을 맞더라도 안전하지 못한 상황이 벌어지게 된 거야. 결국, 백신이나 의료 기술로 특정 국가에서만 코로나19가 주춤한다고 해서 끝난 게 아니라는 거야. 전 세계적으로 코로나19 불씨가 완전히 꺼지지 않으면 백신을 맞은 사람도 완전히 안전하지는 않기 때문이야.

바이러스와 미래 기술

코로나19 바이러스가 유행하면서 사람들은 기술의 중요성을 더욱 깨닫게 되었어. 기술이 발전한 나라일수록 바이러스에 잘 대처했기 때문이야. 전문가들은 코로나19로 인해 미래 기술이 더욱 주목받게 될 거라고 말해. 앞으로 더 주목받게 될 미래 기술에는 어떤 것들이 있을까?

☀ 운전자가 없어도 스스로 이동하는 '자율 주행 기술'

자율 주행 기술이란 사람이 조작하지 않아도 교통 수단이 스스로 판단하고 운행하는 시스템을 말해. 자율 주행 기술은 코로나19로 인해 가장 큰 관심을 받은 기술이야. 운전자가 없어도 이동할 수 있기 때문에 사람들 사이의 접촉을 줄일 수 있지. 중국에서는 코로나19 감염 지역에 무인 자동차를 보내 필요한 물품을 운반하고 의료 폐기물을 안전하게 옮겼어. 이로 인해 아직은 낯설었던 자율 주행 차량이 더욱 친숙한 존재로 다가가게 되었지.

현재 전 세계 나라들은 자율 주행 자동차를 개발하기 위해 치열한 경쟁을 벌이고 있어. 이미 자동차에 이어 선박, 비행, 택시, 농기계까

지 자율 주행 기술이 적용되고 있어. 자율 주행 기술은 다양한 분야에 쓰이며 인간의 삶을 더욱 편안하게 만들 거야.

☀ 걸치기만 해도 건강을 관리해 주는 '웨어러블 기술'

웨어러블 기술이란 안경, 시계, 옷처럼 제작된 장치를 착용하면 사용자에게 각종 데이터와 편리한 환경을 제공해 주는 기술을 말해. 다른 말로 '착용 기술'이라고 해. 대표적으로 스마트 시계가 있지.

웨어러블 기술은 일상에서 편리하게 착용하면서 맥박, 체온, 혈압, 심전도와 같은 정보를 실시간으로 수집해. 이를 통해 다양한 병의 징후를 미리 알려 주고 예방할 수 있게 도와주지.

웨어러블 기술은 이미 우리 생활 곳곳에 들어와 있어. 사람의 배 둘레를 측정해 비만을 진단하고 식습관, 배변 습관까지 파악해 주는 '웨어러블 허리띠', 스티커처럼 피부에 붙이면 땀을 통해 건강 상태를 확인해 주는 '웨어러블 패치' 등이 있지. 웨어러블 기술은 병원에 가지 않아도 일상생활 속에서 계속 건강 정보를 분석해 준다는 점에서 편리한 미래 기술로 주목받고 있어.

☀ 착한 바이러스를 이용한 치료법 '박테리오 파지'

바이러스 중에 인간에게 해로운 세균을 먹어치워 버리는 바이러스가 있다는 걸 아니? 바로 박테리오파지(bacteriophage)야. 박테리오파지는 그리스어로 '세균을 먹는다'라는 뜻이야. 박테리오파지는 오직 세균만 공격하고 인체에 특별한 영향을 주지 않는 이로운 바이러스야. 적은 양만 투여해도 해로운 세균을 완전히 파괴시키기 때문에 효과 역시 아주 좋지. 이 때문에 암을 비롯한 심각한 질병을 치료할 구원군으로 주목받고 있어. 특히 어떤 항생제에도 죽지 않는 '슈퍼 박테리아'를 치료할 수 있는 치료제로 큰 기대를 모으고 있어.

우리는 왜 바이러스에 대해 알아야 할까?

2021년에 코로나19 백신 접종이 시작됐고, 바이러스를 치료할 치료제도 속속들이 등장하는 중이야. 기나긴 팬데믹에 지친 사람들은 마스크를 벗고 일상을 되찾을 날을 손꼽아 기다리고 있어. 하지만 쉽게 안심할 수 없어. 바로 변이 바이러스 때문이지.

코로나19 바이러스는 처음 생겨난 이후, 계속해서 여러 형태로 변하고 있어. 영국에서 처음 발견된 변이 바이러스 '알파', 남아공에서 처음 발견된 바이러스 '베타'에 이어 인도에서 '델타' 변이 바이러스가 발견됐어. 연이어 아프리카와 남아공에서 '오미크론 바이러스'도 등장했어. 오미크론 바이러스는 기존 바이러스에 비해 전파 속도가 매우 빨라. 게다가 기존 백신이나 치료제가 통하지 않을 가능성까지 높지. 강력한 변이 바이러스의 등장으로 사람들은 다시 긴장하고 있어.

그렇다면 우리의 미래는 어떻게 될까? 세계적인 과학 잡지 〈네이처〉가 각국의 면역 학자, 감염병 연구자, 바이러스 학자의 의견을 구했어. 그리고 그들 중 89%가 이렇게 말했어.

"코로나19는 앞으로 전 세계 인구 사이에서 돌고 도는 '엔데믹 바이러스'가 될 것입니다."

엔데믹 바이러스란 지구상에서 없어지지 않고 주기적으로 발생하는 감염병을 뜻해. 매년 겨울마다 유행하는 감기나 독감처럼 코로나19 바이러스 역시 우리와 함께 살아갈 가능성이 높다는 거지.

물론 바이러스를 완전히 몰아낼 가능성도 있어. 천연두가 한때는 인류를 두려움에 떨

게 한 바이러스였지만 지금은 지구상에서 사라진 것처럼 말이야. 현재 과학자들이 모든 종류의 변이 바이러스를 막을 수 있는 '유니버설 백신'을 개발하고 있거든.

하지만 코로나19 바이러스를 정복한다고 해도 언젠가 또 다른 바이러스 사태가 일어날 수 있어. 바이러스는 자연의 일부이자 인간과 함께 살아가는 존재이기 때문이야. 전문가들 역시 미래에 또 다른 팬데믹이 일어날 거라고 주장하지.

바로 이 점 때문에 우리는 바이러스에 대해 잘 알아야 해. 언젠가는 또 다른 바이러스 사태가 일어나도 잘 대처해야 하거든. 그래서 바이러스를 '나쁜 것', '무서운 것'으로 생각하고 피할 것이 아니라, 바이러스가 무엇인지, 어떻게 하면 예방할 수 있는지 정확히 알아 두는 것이 좋아. 이번 팬데믹을 겪어 본 경험 역시 큰 도움이 될 거야. 또 다른 팬데믹이 찾아올 경우, 더 침착하고 슬기롭게 대처할 수 있기 때문이지.

인류의 역사는 바이러스와 함께해 왔다고 해도 과언이 아니야. 역사 속에서 바이러스 사건은 수차례 반복되었지만 결국은 끝이 있었어. 우리 역시 지금의 위기를 잘 극복하고 평범한 일상을 찾을 수 있을 거야.

그러기 위해서는 무엇보다 개개인이 방역 수칙을 잘 지키는 것이 중요해. 마스크를 올바르게 착용하기, 손 씻기, 기침 예절 준수하기, 씻지 않는 손으로 눈, 코, 입을 만지지 않기, 주위 환경을 자주 소독하고 환기하기 등은 사소해 보일지 몰라도 바이러스 사태를 끝내기 위한 가장 좋은 방법이야.

무엇보다 언젠간 이 위기를 극복할 수 있다는 희망을 잃지 말기로 해. 개인과 국가, 세계가 서로 힘을 합친다면 팬데믹으로 오랫동안 누리지 못했던 평범한 행복을 반드시 되찾을 수 있을 거야.

관련 교과

 신비한 마법 돋보기로 서우의 손을 들여다보면?

5학년 1학기 과학	5. 다양한 생물과 우리 생활	- 우리 주변의 다양한 생물 - 세균에 대해 알아보기
6학년 2학기 과학	4. 우리 몸의 구조와 기능	- 몸이 아프면 왜 열이 나는 걸까?

 바이러스를 무찌를 영웅은 누구일까?

3학년 2학기 과학	2. 동물의 생활	- 멸종 위기의 동물
4학년 2학기 과학	2. 물의 상태 변화	- 지구 온난화는 왜 일어날까요?
5학년 1학기 사회	1. 국토와 우리 생활	(2) 우리 국토의 자연환경 - 기후 변화로 어떤 일이 생길까
5학년 2학기 과학	2. 생물과 환경	- 생태계란 무엇일까요? - 생태계는 어떻게 유지될까요? - 환경오염은 생물에 어떤 영향을 줄까요?

기적을 만들어 낸 해시태그

4학년 2학기 사회	3. 사회 변화와 문화의 다양성	(2) 다양한 문화에 대한 이해와 존중
6학년 2학기 사회	1. 세계 여러 나라의 자연과 문화	- 문화의 다양성 이해하기

소원을 들어준 이빨 요정

5학년 1학기 과학	5. 다양한 생물과 우리 생활	- 첨단 생명 과학은 우리 생활에 어떻게 활용될까요?
6학년 2학기 사회	2. 통일 한국의 미래와 지구촌의 평화	(2) 지구촌의 평화와 발전

국어, 사회, 과학, 기술, 도덕, 경제까지
교과목 공부가 되고 세상의 눈을 키우는 상식도 쌓아주는
사회과학 동화 시리즈

공부가 되고 상식이 되는! 시리즈 ❶

어린이 생활 속 법 탐험이 시작되다!
신 나는 법 공부!

변호사 선생님이 들려주는
흥미진진한 법 지식과 리걸 마인드 키우기!

장보람 지음, 박선하 그림 | 168면 | 값 11,000원

공부가 되고 상식이 되는! 시리즈 ❷

동화로 보는 착한 소비의 모든 것!
미래를 살리는
착한 소비 이야기

친환경 농산물, 동네 가게와 지역 경제,
대량생산vs동물복지, 저가상품vs공정상품

한화주 지음, 박선하 그림 | 148면 | 값 11,000원

공부가 되고 상식이 되는! 시리즈 ❸

똑똑한 경제 습관과 금융 IQ를 길러 주는
어린이 금융경제 교육
적금은 뭐고 펀드는 뭐야?

동화로 보는 어린이 금융경제 교육의 모든 것!

김경선 지음, 박선하 그림 | 120면 | 값 11,000원

공부가 되고 상식이 되는! 시리즈 ❹

우리가 소셜 미디어를 하면서
반드시 알고 지켜야 할 것들의 모든 것!
미래를 이끄는 어린이를 위한
소셜 미디어 이야기

1인 미디어, 실시간 정보검색, 온라인 인간관
계 길잡이, 올바른 SNS 사용규칙

한현주 지음, 박선하 그림 | 152면 | 값 11,000원

국어, 사회, 과학, 기술, 도덕, 경제까지
교과목 공부가 되고 세상의 눈을 키우는 상식도 쌓아주는
사회과학 동화 시리즈

공부가 되고 상식이 되는! 시리즈 ❺

동화로 보는 SW교육, 사물인터넷, 인공지능 로봇,
로봇 세상의 생활과 진로!

어린이를 위한
인공지능과 4차 산업혁명 이야기

과학 기술과 데이터, 로봇과 공존하는
인공지능 시대를 살아갈 어린이 친구들을 위한
과학 동화

김상현 지음, 박선하 그림 | 163면 | 값 12,000원

공부가 되고 상식이 되는! 시리즈 ❻

동화로 보는 '4차 산업혁명 시대'에 따뜻한 기술이
가져오는 행복한 미래와 재미난 공학

어린이를 위한
따뜻한 과학, 적정 기술

어린이를 위한 "따뜻한 기술과 윤리적인 과학"
에 대한 흥미롭고도 실천적인 이야기!

이아연 지음, 박선하 그림 | 160면 | 값 12,000원

공부가 되고 상식이 되는! 시리즈 ❼

포장 쓰레기의 여정으로 살피는
소비, 환경, 디자인, 새활용, 따뜻한 미래 이야기

미래를 위한 따뜻한 실천,
업사이클링

버려진 물건에게 새 삶을 주는
따뜻한 실천에 대한 흥미진진한 이야기!

박선희 지음, 박선하 그림, 강병길 감수 | 144면 | 값 12,000원

공부가 되고 상식이 되는! 시리즈 ❽

동화로 보는 동물학대와 유기, 대규모 축산농장,
동물실험, 동물원에 대한 불편한 진실

어린이를 위한
동물 복지 이야기

동물과 함께 행복해지기 위한 윤리적인 선택,
그에 대한 흥미롭고도 실천적인 이야기!

한화주 지음, 박선하 그림 | 166면 | 값 12,000원

국어, 사회, 과학, 기술, 도덕, 경제까지
교과목 공부가 되고 세상의 눈을 키우는 상식도 쌓아주는
사회과학 동화 시리즈

공부가 되고 상식이 되는! 시리즈 ❾

동화로 보는 신재생에너지, 에너지 불평등과 자립,
에너지 공학자, 에너지 과학 기술
지구와 생명을 지키는
미래 에너지 이야기

"행복하고 안전한 미래를 맞이하려면
에너지 문제를 반드시 해결해야 해요!"

정유리 지음, 박선하 그림 | 162면 | 값 12,000원

공부가 되고 상식이 되는! 시리즈 ❿

동화로 보는 '미세먼지'를 둘러싼 환경, 건강,
나라, 경제, 과학 이야기
생명을 위협하는 공기 쓰레기,
미세먼지 이야기

"왜 미세먼지는 나아지지 않고
점점 심해지는 걸까?"

박선희 지음, 박선하 그림 | 160면 | 값 12,000원

공부가 되고 상식이 되는! 시리즈 ⓫

사라지는 일, 생겨나는 일!
미래 일자리의 변화와 기술, 직업 가치를
생생하게 알려 주는 과학 인문 동화
어린이를 위한
4차 산업혁명 직업 탐험대

"달라진 일의 미래, 나는 어떤 일을 하게 될까?"

김상현 지음, 박선하 그림 | 167면 | 값 12,000원

공부가 되고 상식이 되는! 시리즈 ⓬

동화로 보는 미디어 속 가짜 뉴스에 담긴
불편한 진실과 미디어 리터러시 교육!
어린이가 알아야 할
가짜 뉴스와 미디어 리터러시

"뉴스는 무조건 믿어도 되는 걸까요?"

채화영 지음, 박선하 그림 | 144면 | 값 12,000원

국어, 사회, 과학, 기술, 도덕, 경제까지
교과목 공부가 되고 세상의 눈을 키우는 상식도 쌓아주는
사회과학 동화 시리즈

공부가 되고 상식이 되는! 시리즈 ⓑ

동화로 보는 해양 쓰레기, 미세 플라스틱, 남획,
바다 산성화, 뜨거운 바다, 그리고 분쟁의 바다
지구가 보내는 위험한 신호, 아픈 바다 이야기

"지속 가능한 바다를 위해
우리는 어떤 일을 할 수 있을까?"

박선희 지음, 박선하 그림 | 161면 | 값 12,000원

공부가 되고 상식이 되는! 시리즈 ⓙ

빅데이터, 데이터 마이닝, 데이터 과학자와 데이터
윤리까지! 동화로 살펴보는 빅데이터의 모든 것!
어린이를 위한 미래 과학, 빅데이터 이야기

"이제 분야를 막론하고 미래 세상을 이끌어갈
사람들은 모두 빅데이터를 알아야만 해!"

천윤정 지음, 박선하 그림 | 159면 | 값 12,000원

공부가 되고 상식이 되는! 시리즈 ⓚ

이웃과 환경을 생각하고 사회를 밝게 만들어 주는
착한 디자인에 대한 아주 특별한 다섯 이야기!
세상을 따뜻하게 만드는 착한 디자인 이야기

좋은 디자인은 그 자체로
세상을 바꾸는 발명이 된다!

정유리 지음, 박선하 그림 | 155면 | 값 12,000원

공부가 되고 상식이 되는! 시리즈 ⓛ

하늘 저 너머에도 쓰레기가 있다고?
우주 탐사 최대 방해물, 우리를 위협하는
우주 쓰레기의 모든 것!
지구와 미래를 위협하는 우주 쓰레기 이야기

"우주 과학이 발전하는 만큼
우주 쓰레기는 더 많아진다고?"

김상현 지음, 박선하 그림 | 136면 | 값 12,000원

국어, 사회, 과학, 기술, 도덕, 경제까지
교과목 공부가 되고 세상의 눈을 키우는 상식도 쌓아주는
사회과학 동화 시리즈

공부가 되고 상식이 되는! 시리즈 ⑰

상상 그 이상!
진짜보다 더 진짜 같은 가상 세계의 모든 것!
어린이를 위한
가상현실과 메타버스 이야기

"진짜보다 더 진짜 같은 가상 세상이 온다!"
천윤정 지음, 박선하 그림 | 152면 | 값 12,000원

공부가 되고 상식이 되는! 시리즈 ⑱

멋과 유행, 경제와 윤리적 소비,
환경의 관계에 대해 이야기하는 생각동화!
환경을 지키는
지속 가능한 패션 이야기

"옷 한 벌에 담긴 따뜻한 마음이야말로
세상을 아름답게 지켜 내!"
정유리 지음, 박선하 그림 | 152면 | 값 12,000원

공부가 되고 상식이 되는! 시리즈 ⑲

동화로 보는 주식과 투자, 경제에 관한 모든 것!
경제를 아는 어린이로 이끌어 주는
주식과 투자 이야기

"지구를 지키는 일만 하고
경제 공부는 처음인 전설의 히어로즈,
얼결에 주식회사를 세우다?"
김다해 지음, 박선하 그림 | 156면 | 값 12,000원